양창순

정신건강의학과·신경과 전문의. 연세대학교 의과대학과 동 대학원을 졸업하고 의학박사 학위를 받았다. 서양의 정신의학만으로 인간을 이해하고 삶의 문제에 대한 해답을 찾는 데 한계를 느껴 '주역과 정신의학'을 접목한 논문으로 성균관대학원에서 두 번째 박사학위를 받았다. 연세의료원 연구강사, 미국 HARBOR-UCLA 정신의학과 방문교수, 서울백제병원 부원장 등을 역임했다. 현재 ㈜마인드앤컴퍼니에서 명리학, 주역, 정신의학을 접목한 융합 심리상담과 기업과 조직 임원들을 위한 리더십 코칭을 하고 있으며 용인정신병원에서 정신 약물치료를 포함한 정신의학 치료 활동을 하고 있다. 연세대학교 의과대학 정신건강의학과 외래교수이며, 미국 정신의학회 국제회원 및 펠로우, 미국 의사경영자학회 회원이기도 하다.

CBS 시청자위원회, 동아일보 독자인권위원회 위원을 역임했으며 SBS 〈양창순의 라디오 카페〉, CBS 〈양창순의 아름다운 당신에게〉 등의 프로그램을 진행했다. 삼성경제연구소 SERICEO에서 100회 이상 진행한 〈심리 클리닉〉을 통해 오피니언 리더들의 열렬한 호응을 받은 바 있다.

저서로 국내 최초로 동양의 명리학과 서양의 정신의학을 접목한 《명리심리학》을 비롯해 《주역심리학》 《정신과 의사의 명리육아》 《오늘 참 괜찮은 나를 만났다》 《나는 까칠하게 살기로 했다》 《담백하게 산다는 것》 등 다수가 있다.

표지 본문 그림 ⓒ다안 ⓘdaan.illustrator 디자인 유상현

마음은 계절을 기억한다

마음은 계절을 기억한다

1판 1쇄 인쇄 2025. 12. 1.
1판 1쇄 발행 2025. 12. 10.

지은이 양창순

발행인 박강휘
편집 김은하 | 디자인 유상현 | 마케팅 김민준 | 홍보 이수빈
발행처 김영사
등록 1979년 5월 17일(제406-2003-036호)
주소 경기도 파주시 문발로 197(문발동) 우편번호 10881
전화 마케팅부 031)955-3100, 편집부 031)955-3200 | 팩스 031)955-3111

저작권자 ⓒ 양창순, 2025
이 책은 저작권법에 의해 보호를 받는 저작물이므로
저자와 출판사의 허락 없이 내용의 일부를 인용하거나 발췌하는 것을 금합니다.

이 책에 수록된 인용문은 출판권을 가진 출판사, 저자와의 소통을 통해 저작권자의
동의를 얻었습니다. 단, 출간 당시 저작권자를 찾기 어려워 부득이하게 허가를 받지 못한
작품에 대해서는 추후 저작권이 확인되는 대로 적법한 절차를 진행하겠습니다.

값은 뒤표지에 있습니다.
ISBN 979-11-7332-441-3 03180

홈페이지 www.gimmyoung.com   블로그 blog.naver.com/gybook
인스타그램 instagram.com/gimmyoung   이메일 bestbook@gimmyoung.com

좋은 독자가 좋은 책을 만듭니다.
김영사는 독자 여러분의 의견에 항상 귀 기울이고 있습니다.

마음은 계절을 기억한다

양창순 지음

정신과 전문의 양창순의 사계절 마음 레시피

김영사

프롤로그

네 번의 계절 그리고 마음을 먹는다는 것

모든 일은 마음먹기에서 시작된다. 인생의 크고 작은 일이 다 그렇다. 마음을 먹는다는 말에는 두 가지 의미가 있다. 첫 번째는 선택이다. 어떤 일을 시작하든 우리는 먼저 마음을 먹어야 한다. 이 일을 할 것인지 말 것인지, 두 갈래 길에서 어느 쪽으로 갈지 먼저 마음먹고 선택해야 한다.

이때 먹은 마음이 우리의 인생 항로를 결정하기도 한다. 그래서인지 우리는 가보지 않은 길에 대한 미련과 평생 싸운다. 물론 의미 없는 싸움이다. 그 사실을 모르지 않으나 후회는 끈질기다. 한 독일 작가의 말처럼 우리에게는 "살아보지 않은 삶에 대한, 사랑해 보지 않은 사랑에 대한 죄"가 있는지도 모른다. 한번 잘못 먹은 마음으로 평생 괴로워해 본 사람이라면 누구나 이 말의 의미를 이해할 것이다.

그런 미련과 후회를 줄이기 위해서 우리는 제대로 마음먹는 법을 알아야 한다. 그것이 마음을 먹는다는 말의 두 번째 의미다. 우리는 마음먹는다는 말은 자주 하지만 생각을 먹는다거나 행동을 먹는다고는 하지 않는다. 우리 선조들은 마음에만 '먹는다'는 표현을 써왔다.

나는 이것이 우리 마음의 허기, 갈증과 큰 연관이 있다고 생각한다. 신체적인 배고픔은 우리를 힘들게 하지만 일단 뭐라도 먹고 나면 허기는 사라진다. 그런데 마음의 허기는 웬만해서는 채우기 어렵다. '뭐라도'가 안 되는 것이다. 우리 마음속에 소용돌이치는 수많은 갈등과 욕구, 욕망, 집착, 불안이 허기의 원인인 경우가 대부분이기 때문이다.

마음의 허기는 내가 무엇을 이루고 가졌는지와도 전혀 상관이 없다. 돈을 예로 들면, 백만 원을 가져도 만족하는 사람이 있는가 하면 백억을 가져도 허기에 시달리는 사람이 있다.

우리는 실제로 배가 고프지 않은데도, 목이 마르지 않은데도 허기와 갈증에 시달린다. 몸에 영양분이나 수분이 필요해서가 아니다. 아무리 원하는 만큼 음식을 먹고 수분을 보충해도 허기와 갈증만 커질 뿐이다. 그건 결국 마음을 점령하고 있는 무언가에 대한 절박한 욕구가 채워지지 않았다는 뜻이다.

나는 정신과 의사로 일하면서 수많은 사람을 통해 평생 그 허기와 싸워왔다. 그러면서 어느 때부턴가 조금은 수월한, 가벼운 해결 방법이 있지 않을까 고민해 왔다. 그러다 마음 레시피를 떠올렸다.

언젠가 신체적 통증은 견디겠는데 마음의 통증은 견디기가 정말 어렵다고 나를 찾아온 내담자가 있었다. 신체적 통증은 진통제나 물리치료 등을 통해 이겨낼 수 있는데, 마음 아픈 것은 그렇지 않더라고 했다. 나는 그의 말을 이해했다.

우리 몸을 보면 속살이 가장 여리다. 해부를 해보면 내부 장기는 더 부드럽다. 다행히 내부 장기는 뼈로 보호받는다. 가장 중요한 심장과 폐는 갈비뼈가 보호하고 있다. 그러나 복부는 보호받지 못한다. 복부에 충격을 받는 것이 생명에 치명적인 이유다.

보호받지 못한다는 점에서 마음도 마찬가지다. 어떻게 보면 마음은 보호는커녕 속살 그대로 외부 환경에 항상 노출되어 있는 셈이다. 외부에서 일어나는 일, 내면에서 일어나는 일에 자극받으면서 우리는 더 쉽게 마음을 다치고 더 자주 상처를 입는다.

그럴 때 약물 치료가 도움이 된다. 뇌세포 정보 전달 물질의 이상 분비를 조절해 주기 때문이다. 그런데 계속해서 부정적인 생각을 하면 약물로도 그 조절에 실패한다. 이 경우 상담을 통해 마음을 환기해 부정적인 생각을 긍정적인 생각으로 바꿔나가야 한다. 그 적절한 해결 방법을 고민하면서 나는 마음 레시피에 관해 깊이 생각하게 되었다.

맛있는 음식을 먹으면 기분이 좋아지는 이유는 후각 신경이 뇌에서 감정을 담당하는 부위와 핫라인으로 곧장 이어져 있기 때문이다. 다시 말해 혀에서 느끼는 맛도 있지만 그보다 먼저 냄새로 자극되는 감정, 기억, 추억이 겹치기 때문이라는 뜻이다. 좋은 사람들과 어울려 맛있는 음식을 나눠 먹으면 스트레스가 단숨에 날아가는 이유도 여기에 있다. 그래서 우리는 자주 맛있고 건강한 음식 레시피를 찾아내려고 노력한다.

자연에는 봄 여름 가을 겨울 사계절이 있다. 그 계절마다 나오는 식재료도 각기 다르다. 제철에 나는 신선한 재료로 만든 음식이 가장 건강하고 맛도 있다. 마음도 마찬가지다. 우리 마음에도 봄 여름 가을 겨울이 있다. 새로운 희망에 들뜨는 봄, 정열적으로 살아보려고 치열하게 행동하는 여름, 지금까지의 삶에서 수확한 것들을 살피는 가을, 지나온 날들을 조용히 돌아보고 성찰하면서 새로운 시작을 준비하는 겨울. 마음을 그렇게 사계절로 나누어 그 계절에 맞는 꼭 필요하고 신선한 이야기들을 다채롭게 들려준다면 마음의 건강에 크게 도움이 되리라는 생각이 들었다.

부정적이고 어두운 이야기는 주위에 넘쳐난다. 나 역시 이제까지 여러 책에서 그런 이야기들을 다루어 왔다. 대개는 임상 경험과 연관되는 이야기다 보니 아무래도 그런 측면이 더 강했다. 무겁지만 꼭 필요한 이야기이기도 했다.

그런데 이번만큼은 신선하고 건강한 제철 음식처럼 우리 마음에 도움이 되는 밝고 긍정적인 이야기를 나누고 싶다는 생각이 들었다. 그리하여 사계절에 각기 어울리는 마음과 관련한 대표적인 어휘들을 찾고 그에 맞는 이야기들을 해나가고자 했다. 건강하고 밝고 긍정적인 이야기들로 마음을 채우고 살아간다면 하루하루 새로운 날들이 우리 앞에 펼쳐지지 않겠는가.

2025년 겨울
양창순

차례

프롤로그: 네 번의 계절 그리고 마음을 먹는다는 것 • 4

마음 레시피가 가져오는 변화들 • 12
먼저 무엇이 문제인지 명확하게 알아야 한다 • 17

봄 　　　　　　　　　　　　　　春

1	**첫 마음**	그 시작을 기억하며	25
2	**희망**	생존의 절대 파트너	34
3	**사랑**	인생을 견디게 하는 힘	40
4	**기대**	미래를 만들어가는 씨앗	47
5	**약동**	넘쳐나는 생동감으로 솟아오르기	53
6	**성장**	고치를 뚫고 아름다운 나비가 되려면	60
7	**관계**	따뜻함과 유쾌함의 콜라보, 그리고 여백	66

여름 　　　　　　　　　　　　夏

1	**열정**	거침없고 두려움 없는 하루하루를	75
2	**관심**	세상에 다가가고 마음을 연다는 것	80
3	**도전**	자신을 뛰어넘는 사람만이 성취를 이룬다	87
4	**몰입**	창조성을 만드는 큰 물줄기	93
5	**잠재력**	나만의 고유한 특성을 완성해 가기	101
6	**변화**	습관의 변화가 운명의 변화를 가져온다	107
7	**자신감**	약한 고리가 강한 사슬을 끊지 못하게 하라	114

가을　　秋

1	결실	내가 맺은 결실로 소명을 감당하기	123
2	감사	내게는 아직도 감사할 일이 많다	127
3	기쁨	자주 웃고 특별한 순간을 즐겨라	134
4	수용	삶을 있는 그대로 받아들이는 지혜	140
5	용서	실수는 누구나 한다 서로 용서하라	147
6	현명함	마음을 열고 내 편이 되어 지혜를 갖추기	154
7	치유	스트레스 극복에 꼭 필요한 과정	160

겨울　　冬

1	결단	가슴이 원하는 바가 무엇인지 묻는다	169
2	용기	중요한 일은 절대 쉽지 않다	175
3	인내	끈기 있게 참는 것도 기술이다 몸에 익혀라	182
4	유머	마음에는 웃음을 나눌 공간이 필요하다	188
5	겸손	강하고도 따뜻한 내면을 갖춰나가기	195
6	공평함	내게 허용한 것은 남에게도 그래야 한다	200
7	순환	소멸과 생성으로 이어지는 삶의 고리	207

에필로그: 내 인생의 로망이 된 세 가지 마음 레시피 • 211

마음 레시피가
가져오는 변화들

 내 주위에는 강아지를 키우는 사람들이 많다. 그들 중 한 친구의 사례를 들어보겠다. 직접 강아지를 키우기 전까지 그에게 강아지를 키우는 사람들은 편견의 대상이었다. 강아지 자체를 끔찍하게 싫어하기도 했다. 그런데 딸이 초등학교 6학년쯤 됐을 무렵이었다. 아이가 강아지를 키우자고 조르기 시작했다. 물론 끄떡도 하지 않았다. 그만큼 친구의 혐오와 편견은 굳건했다.
 어느 날 아이가 최후통첩을 보내왔다. 그동안 모은 제 용돈으로 강아지를 데려오겠다고. 그런데도 도저히 허락이 안 되더라고 친구는 말했다. 집 안에서 강아지를 키우

는 일 자체가 너무나 낯선 데다 그동안의 그런 사람들을 향한 경멸을 생각하면 더욱 그럴 수 없었다.

그런데 어느 순간 깨달음이 왔다고 한다. '마음을 바꾸면, 만일 내가 마음을 바꾸어 강아지를 단순히 동물이 아니라 어엿한 가족의 일원으로 받아들이면, 그리하여 그 강아지와 동등하게 커뮤니케이션을 한다면?'이라는 생각이 느닷없이 들더라는 것이다. 그러자 마음이 활짝 열리면서 편안해지더라고.

마음을 바꾼다는 것은 생각을 바꾼다는 뜻이다. 우리가 어떤 생각을 하느냐에 따라 삶은 여러 모습으로 달라진다. 친구가 마음을 바꾸어 강아지를 가족으로 받아들이겠다는 생각을 하지 않았다면 결과는 많이 달라졌으리라. 어쩔 수 없이 강아지를 데려왔어도 계속 싫어하고 귀찮아하는 생각을 고수했다면 아마 그 집에는 풍파가 가실 날이 없었을 것이다.

그 친구는 지금도 그때의 경험을 소중하게 간직하고 있다고 털어놓았다. 그 후로도 힘든 순간을 마주할 때마다 '마음을 바꾼다'는 경험이 언제나 큰 힘이 되어주었다고.

삶에서 힘든 일이 있을 때 우리는 자신을 보호하기 위해 일종의 방어기제를 가동한다. 지금 자신이 처한 상황을 외면하고 회피하는 경우가 그렇다. 인간관계를 포함해 그 무엇에도 마음을 열지 않고 자신이 만든 고치 속으로 숨어들어 의미 없는 시간을 흘려보낸다. 그러면서 현실로부터 더 멀어지고 더 쉽게 상처받고 더 좌절하는 악순환을 이어간다.

그 같은 상황에서 조금이라도 벗어나려면 먼저 현실을 직시해야 한다. 내가 지금 어디에 어떤 모습으로 서 있는지, 인생에서 진심으로 원하는 것이 무엇인지, 언제 무엇 때문에 더 상처를 받는지, 어떤 것에 더 큰 두려움과 불안을 느끼는지 등을 살펴야 한다. 그중에서 내가 마음을 바꾸면 무엇이 달라질 수 있는지도 생각해 봐야 한다.

우리는 흔히 타고난 환경, 인생에 일어난 어떤 사건들로 인해 고통에 시달린다고 생각한다. 이를테면 가난한 가정환경에서 태어나서, 직장에서 해고당해서 자신이 불행해졌다고 생각하는 것이다. 물론 잘못된 생각은 아니다. 다만 그 일들이 다른 사람들에게도 자신과 똑같은 감정을 불러일으키리라고 생각한다면 그건 사실이 아니다.

똑같은 환경이나 사건을 경험해도 사람마다 생각과 감정은 각기 다를 수 있다. 가치관과 신념, 현재의 환경 등에 의해 같은 일이나 사건도 다른 생각과 감정을 불러일으킬 수 있다.

예를 들어 직장에서 해고되었을 때도 사람에 따라 각기 다른 반응을 보인다. '이제 나는 틀렸어. 이 나이에 어디 가서 다시 직장을 구해. 나는 끝이야'라고 생각하는 사람은 당연히 우울과 절망에 빠져 자포자기 상태에 놓인다. '어떻게 감히 나를 해고하지. 분명 무슨 음해가 있어'라고 생각하는 사람은 분노하다 못해 자신을 그렇게 만든 이들에게 복수하는 환상까지도 꿈꿀 수 있다.

그런가 하면 '내가 원한 바는 아니지만 다른 직업을 구할 새로운 기회가 될 수도 있겠지' 하고 생각하는 사람도 분명 있다. 물론 그도 좌절과 불안을 느낄 수 있지만 동시에 새로운 기대감으로 힘을 얻을 가능성이 크다.

어떤 관점, 어떤 생각을 가지느냐에 따라 우리의 감정과 행동, 신체적 반응은 달라질 수밖에 없다. 그런데도 오직 상처받고 싶지 않다는 생각에만 매달려서 회피한다면 어떻게 되겠는가. 인생을 바꿀 기회는 좀체 주어지지 않을 것이다.

때로 상처받고 괴롭기도 하지만 새로운 경험, 나아가 새로운 삶을 위한 발돋움이 될지도 모른다고 생각하면 우리는 모든 일에 좀 더 마음을 열 수 있다. 마음을 여는 일은 우리 인생에 꼭 필요한 가장 중요한 태도 중 하나다.

하나를 가지면 하나를 더 원하는 것이 인간 본성이다. 가난한 사람은 돈만 있으면, 힘없는 사람은 권력만 있으면, 자신의 외모가 못마땅한 사람은 멋진 외모를 갖기만 하면, 명예를 원하는 사람은 유명해지기만 하면 행복할 것 같다. 실제로는 아니다. 나라면, 하나만 골라야 한다면 세상 모든 일에 마음을 열 수 있기를 바란다.

마음을 열어서 가장 좋은 점은 세상과 마주할수록 내면의 힘이 그만큼 커진다는 사실이다. 그러다 보면 차츰 긍정적인 에너지가 마음을 채우는 것을 느낄 수 있다. 나아가 인생 최대의 딜레마인 불안과 인간관계의 갈등에서도 어느 정도 자유로워지는 때가 반드시 온다. 기회의 문이 더 활짝 열릴 가능성도 크다. 그때부터 우리는 내가 원하는, 새롭게 변화하는 인생의 출발점에 서게 된다.

먼저 무엇이 문제인지 명확하게 알아야 한다

 우리 삶에 영향을 주는 문제들은 대개 다섯 가지로 분류된다. 생각과 감정, 행동, 신체적 반응 그리고 환경이다. 이 다섯 가지는 각기 연결되어 있으며 서로 영향을 주고받는다. 행동의 변화가 생각과 감정에 영향을 주고, 생각의 변화가 감정과 행동에 영향을 주어 마침내 환경의 변화도 가져온다. 따라서 이 모든 요소가 서로 어떻게 상호작용을 하는지 알아야 한다.
 예를 들어 사랑하는 사람의 죽음 같은 환경의 변화는 외부 세계와의 접촉을 꺼리는 행동의 변화를 가져온다. 당연히 생각의 변화도 가져온다. 그러면 감정적으로 더

욱 우울해지고, 잠도 못 자고 먹지도 못하고 쉽게 피로를 느끼는 신체적 변화가 이어진다.

그런 상태에서 이제 그만 슬픔을 떨치고 일어나야겠다는 생각의 변화가 생기면 어떨까. 당연히 그 변화가 나머지에도 영향을 주어 다시 살아갈 힘을 낼 수 있다. 즉 괴로운 상황에 놓일 때 우리의 첫 번째 과제는 생각의 변화 일으키기다.

만일 지금 위기를 겪고 있다면 먼저 요즘 일어난 환경의 변화, 생각의 변화, 감정의 변화, 행동의 변화, 신체적 변화를 자세히 적어보는 것도 한 가지 방법이다. 그러면 문제가 무엇인지 명확해지면서 그 문제에 대처하는 생각 자체를 바꾸는 일이 가능해진다.

우리가 어떤 감정을 느낄 때, 그 감정과 연관되는 생각이 반드시 있다. 다시 말해 어떤 생각으로 감정이 더 강렬해진다는 뜻이다. 가벼운 예로 누군가에게 새로운 사람을 소개받았는데 대화 도중 상대가 계속 다른 데 시선을 둔다면, 내가 어떻게 생각하느냐에 따라 여러 반응이 나올 수 있다.

'이 사람 정말 건방지네. 나를 무시하는 거야'라고 생각하면 당연히 화가 날 것이다. '이 사람 나한테 흥미가 없구나. 나는 아무래도 사람들을 지겹게 만드는 타입인가 봐'라고 생각한다면 위축감을 느낄 테고, '이 사람 수줍음이 많은 모양이네. 그래서 나를 보는 게 편하지 않은 것 같아' 하는 생각이 든다면 상대를 이해해 주고 싶은 마음이 생겨난다.

이처럼 똑같은 상황에서도 생각하기에 따라 여러 다른 감정의 변화가 일어날 수 있다. 이런 감정의 변화는 당연히 행동에도 영향을 미친다. 그러므로 우리는 어떤 행동을 하기 전에 먼저 생각과 감정의 정확도를 확인할 필요가 있다. 그렇지 않으면 쉽게 잘못된 행동을 저지르게 된다. 앞선 예처럼 상대가 사실은 성격이 수줍어서 시선을 맞추지 못하는 것뿐인데도 건방지다고 생각해 화를 낸다면 이는 분명 잘못된 행동이다.

생각은 우리가 특정 상황에서 경험하는 감정을 결정한다. 그 감정은 또 다른 생각을 불러일으켜 본래의 감정을 강화한다. 화가 난 사람은 자신이 상처받은 일만 생각하고 우울한 사람은 인생이 얼마나 불행한지만 생각한다. 불안한 사람은 어디서나 위험 인자만 발견한다. 감정이 강렬할수록 생각도 더욱 극심해진다.

강렬한 감정을 느낄 때 일어나는 생각들이 잘못되었다

는 말은 아니다. 다만 감정이 강렬할 때는 생각 또한 왜곡되기 쉽다는 것이 문제다. 자신의 감정과 신념에 반대되는 정보는 고려하지 않으려는 경향이 생기기 때문이다.

우리의 생각이 왜곡되어 있는지 아닌지를 아는 일은 대인관계를 비롯해 인생 전반에서 대단히 중요하다. 더 균형 잡힌 생각과 감정을 갖게 하는 첫 번째 단계이기 때문이다.

자신은 사랑받을 자격이 없다고 생각하는 여자가 있다. 어떤 남자도 자신을 사랑하지 않을 거라 여긴다. 그런 생각은 그를 끝없이 우울하게 만든다. 그런데 어느 날 한 남자가 자신을 좋아한다며 데이트를 신청한다. 여자는 믿기 어렵지만, 남자가 마음에 들었기에 만남에 동의한다. 그 자리에서 남자는 당신의 이러저러한 점이 좋다며 마음을 열어 보인다.

이때 여자가 남자의 마음을 받아들이지 못한다면 어떨까. '기왕 만났으니까 듣기 좋은 말들을 늘어놓는 거겠지'라고 생각한다면 말이다. 긍정적인 정보는 알아차리지 못하거나 깎아서 듣고 부정적인 결론부터 내리는 전형적인 사례다. 여기서 여자는 나는 사랑받을 자격이 없다는 자신의 생각과 반대되는 정보를 무시하거나 왜곡하고 있다.

이 경우 자신의 매력과 사랑스러움에 대한 긍정적인 정보를 받아들이는 일부터 훈련해야 한다. 그 첫 번째 단계가 바로 생각을 바꾸는 연습이다.

긍정적인 생각만이 문제 해결의 열쇠가 되는 것은 아니다. 특히 불안하거나 우울하거나 화가 날 때 '긍정적으로 생각하기'는 쉬운 일이 아니다. 강렬한 감정 상태에서 긍정적인 생각만 하려다 보면 잘못되어 가는 중요한 신호를 놓칠 가능성도 있다. 따라서 문제를 여러 각도에서-긍정적으로, 부정적으로, 중립적으로-보는 것이 중요하다. 그러면 때로 새로운 접근법이나 해결 방법을 찾을 수 있다. 생각이 분명해지면 감정 조절이 가능해지므로 문제에 대한 인식도 명확해지기 때문이다. 더불어 신체적, 정서적, 환경적 변화도 함께 모색해 나간다면 우리는 좀 더 당당한 미래를 꿈꿀 수 있다.

요즘 우리를 힘들게 하는 요인 중 하나가 사계절이 사라지는 경향이다. 봄과 가을이 짧아지면서 여름과 겨울이 길어진다. 경계도 불분명해지고 있다. 하루는 겨울 날씨 같다가 이튿날에는 난데없이 더위가 찾아온다. 날씨마저 우리를 혼란스럽게 한다. 예전처럼 사계절이 분명했던 시절이 그립고 그때로 돌아가고 싶다.

마음도 마찬가지다. 오늘은 겨울이었다가 내일은 여름이 되면 마음도 혼란스럽다. 자연에 사계절이 조화롭게 이어지듯이 우리 마음에도 사계절이 이어진다면, 그 계절에 꼭 필요한 마음을 가질 수 있다면 우리는 좀 더 균형 잡힌 건강한 삶을 살 수 있으리라. 내가 마음 레시피를 구태여 사계절로 나누고, 각 계절에 필요한 마음들을 정리한 이유다. 자연에서 사계절의 순환이 이루어지듯, 마음의 사계절이 순환하고 그 계절에 맞는 마음을 먹으면 건강하게 살아갈 수 있다는 것이 내 생각이다.

봄은 지금 어떤 어려움과 곤경 속에 있더라도 희망을 꿈꾸게 하는 계절이다. 성장하려는 의지, 생명력의 상징이다. 명리학적으로 봄을 의미하는 오행은 아름드리나무의 상징인 목木이다. 봄날 파릇파릇 자라나는 풀과 하늘을 향해 두 팔 벌리는 나무처럼 우리에게 다시 한번 도전하고 싶은 마음을 일으키는 계절인 것이다.

봄은 인간의 삶 중에는 소년기, 하루 중에는 아침을 상징한다. 아침이 우울하고 무기력하면 하루를 시작하기가 얼마나 힘든지 우리는 익히 알고 있다. 그러니 가장 먼저 내 마음에 봄기운이 가득 차도록 해야 한다.

주역에서는 변화와 움직임을 상징하는 중뢰진괘重雷震卦와 바람을 의미하는 중풍손괘重風巽卦가 봄에 해당하는 괘다. 봄바람이라고들 하지 않나. 봄이 되면 살아 있는 모든 것들은 이유를 묻지 않고 새 삶을 준비한다. 새싹이 나오고 꽃이 피고 나비가 날아드는 계절이 바로 봄이다. 그런 봄이라는 계절에 어울리는 일곱 가지 마음을 함께 살펴보자.

1

첫 마음

그 시작을 기억하며

김하나 씨는 30대 후반에 접어들면서 삶의 무기력함에 직면했다. 직장생활도 안정적이고, 연애도 나쁘지 않았건만 그랬다. 일상에서 활력이 사라지기 시작했다. 지루함과는 달랐다. 익숙한 하루하루가 지나가는데, 그 무엇에도 호기심도 설렘도 생기지 않는다는 사실이 괴로웠다.

그 생각의 밑바닥에는 일종의 갈증 같은 것이 있었다. 하지만 그 갈증이 무엇을 향한 갈증인지는 알지 못했다. 겉으로는 크게 달라진 바가 없었으므로 누구도 하나 씨의 변화를 알아차리지 못했다. 그러나 하나 씨의 내면을 움직이게 하는 바퀴가 어긋난 것은 분명했다.

하나 씨가 내게 말했다.

"살면서 이렇게까지 무력감을 느껴보긴 처음이에요. 앞으로 어떻게 살아야 할지조차 모르겠어요."

한편 이진성 씨는 아내와의 갈등과 불화로 살 의지를 잃어버린 상태였다.

"차라리 파국이 빨리 찾아오길 바랄 때마저 있습니다. 지금 같은 무기력한 상태만 벗어날 수 있다면 다른 건 아무래도 좋다는 생각까지 듭니다."

그가 말을 이었다.

"연애할 때는 열렬한 커플이었어요. 그 시절을 생각하면 지금 모습에 더 무너지는 느낌입니다. 아내도 그래서 더 화를 내고 있는지 모르겠군요."

때로는 삶을 비롯해 가까운 인간관계에서 불가피하게 무기력한 시기가 찾아온다. 번아웃이나 권태만으로는 다 설명하기 어려운 상태가 이어지면 누구라도 무력함에 사로잡힐 수밖에 없다.

이 무력함은 대체로 마음의 허기와 관련이 있다. 마음의 허기를 느끼는 이유는 사람마다 다르다. 한때는 간절했으나 지금은 다가갈 엄두조차 내지 못하는 꿈인 경우도 있고, 무서울 만큼의 열정이라고 생각했던 사랑이 알고 보니 너무도 쉽게 부서지는 파편에 불과했다는 자각인 경우도 있다.

상담 결과 김하나 씨는 전자의 경우였다. 사실, 하나 씨는 어릴 때부터 음악 만드는 일을 하고 싶었다. 하나 씨에게 멜로디는 머릿속에 거의 자동으로 떠오르는 무엇이었다. 어릴 때부터 그랬다. 하지만 주변에 비슷한 일을 하는 사람이 없었고, 하나 씨 역시 어떻게 하면 그 일을 할 수 있는지 알지 못했다.

더욱이 하나 씨의 부모는 인생에서 평범과 무난이라는 가치를 중요시하는 사람들이었다. 요즘 같은 험한 세상에 눈에 띄기보다는 보통 사람으로 살아가는 게 제일이라는 식이었다.

꼭 그래서는 아니지만 하나 씨는 자신의 재능을 가슴에 묻은 채 때맞춰 대학을 졸업한 후 중소기업에 취직했다. 결혼할 뻔한 기회도 있었다. 그런데 이상하게 마음이 내키지 않아 그만두고 지금에 이르렀다. 그렇게 30대 후반의 나이에 이르자 사는 것이 버겁고 무기력해졌다.

이진성 씨는 후자의 경우였다. 열정적인 사랑으로 시작한 결혼생활이 파탄에 이르기 직전이 되자 절망적인 심정이 되었다.

아무리 열렬한 커플도 함께 살다 보면 처음의 설렘을 잃어버리는 때가 반드시 찾아온다. 연애할 때는 헤어져서 각자의 집으로 돌아가는 길이 너무도 싫다. 그런데 결혼하고 나서는 아침에도 저녁에도 함께하면서 헤어지지 않아도 된다. 그것만으로도 가슴이 설렌다. '아, 정말 이 사람이 내 사람이 되었구나' 싶어 감격스럽다.

잘해줘야지. 원하는 건 뭐든 들어주고, 절대 싸움 같은 건 하지 않고, 죽을 때까지 변치 않고… 감정이라는 게 비등점까지 끓어오르면 얼마나 유치해지는지 본보기라도 보이듯 결심과 각오가 끊이질 않는다. 다만 그 유예기간이 너무나 짧다는 사실이 비극일 뿐이다. 결국 마음에 갈증과 허기가 찾아드는 때가 오고야 만다.

어찌 삶이나 인간관계만 그러하랴. 하다못해 맛있는 음식도 처음에는 미각을 황홀하게 자극하지만 자주 먹다 보면 익숙하고 지겨운 맛이 되어버린다. 게다가 인간은 본능적인 호기심으로 자꾸 새로운 것을 찾게 되어 있다. 익숙한 대상에 계속 탐구심을 갖는 사람은 없다. 그리하여 쉽게 첫 마음을 잃어버리고 그런 후에는 무기력 앞에 무릎을 꿇고 만다.

그래서 마음을 '먹는' 일이 중요하다. 허기진 마음에 에너지를 채워 넣어야 한다. 배터리가 떨어지면 어떤 기계도 작동을 멈춘다. 자동차도 배터리가 방전되면 시동이 걸리지 않는다. 적어도 일주일에 한 시간 이상 쉬지 않고 달리면서 배터리를 충전해 줘야 한다. 우리 마음도 마찬가지다. 허기질수록 처음의 마음을 회복하고 이어가는 것이 중요하다. 물론 그걸 모르는 사람은 없다. 쉽지 않다는 사실이 문제일 뿐.

나 역시 에너지가 다 고갈되었다고 느낄 때가 있다. 배터리는 방전인데 할 일은 산더미 같은 순간도, 그저 마음이 텅 빈 것처럼 허하게 느껴지는 순간도 있다. 그럴 때 허기는 '마치 신발 속에 잘못 굴러들어 온 돌멩이처럼' 나를 괴롭힌다.

그때마다 내 마음에 다시 에너지를 채워주는 문장이 하나 있다. 대학교에 갓 입학해 내가 받아 든 영어 교과서에 나온 '쇼는 계속되어야 한다 The show must go on'가 그것이다. 오페라 〈팔리아치〉 중 아리아 〈의상을 입어라〉에 나오는 내용으로 기억한다.

극 중 어릿광대는 무대에 서기 전 아내의 부정을 알고 고통으로 마음이 찢어진다. 그러나 자신은 무대에 올라서 관객을 웃겨야 한다. 그런 모순과 비극도 없으나 공연은 계속되어야 한다. 우리의 인생도 그와 같아서 어떤 고통이나 모순이 있더라도 삶은 계속되어야 한다는 것이 그 글의 요지였다.

사실 인류가 탄생한 이래 발생한 모든 모순에도 불구하고 우리의 삶은 계속해서 이어지고 있다. 여전히 모순투성이고 불안하고 두렵고 무력하고 갈증에 허덕이건만 우리는 그래도 살아간다. 그 모든 문제를 여전히 갈등하고 회피하고 때로는 극복해 가면서. 이것이 우리 인간이 지닌 숙명의 드라마다.

때로는 회피가 도움이 될 때도 있다. 다만 일시적인 처방이어서 효과가 짧은 것이 흠이다. 거기다 나중에는 그렇게 문제를 해결했던 자신을 향한 후회까지 겹쳐 더욱 큰 고통이 따른다. 결국 극복만이 유일한 해결 방법이다. 마음의 허기가 시작되는 근원을 정확하게 알고 벗어날 길을 찾는 것이다.

김하나 씨의 경우, 취미로라도 음악 만드는 일을 시작해 보기로 했다. 그리고 가능한 한 그 일을 포기하지 않겠다고 결심했다. 물론 새로운 일을 시작하기에 앞서 주눅 들고 도망치고 싶어지는 것 또한 사람 마음이다. 두려움은 우리를 뒷걸음질하게 만든다. 그러나 포기하지 않는 마음은 그 자체로 추진력을 가진다. 김하나 씨는 그 마음을 믿고 노력하기로 했다.

이진성 씨에게는 조심스럽게 부부가 처음 만나 사랑에 빠졌던 그때의 마음으로 돌아가 볼 수 있겠느냐고 물었다. 처음에 그는 잘 모르겠다고 고개를 저었다.

다행히 상담을 진행하면서 진성 씨는 자신이 무엇을 놓치고 있는지, 마음에 갈증과 허기를 일으키는 근원이 무엇인지 차츰 깨닫기 시작했다. 부부나 연인 사이라 해도 계속해서 에너지를 충전해 주지 않으면 습관적인 무기력이 너무도 쉽게 찾아온다는 사실을. 진성 씨는 곧 첫 마음으로의 회복이 필요하다는 사실을 인정하고 그것을 실천하기에 이르렀다.

어느 해 2월의 마지막 날, 한적한 길을 달리고 있을 때였다. 아침 안개가 다 걷히기 전이라 길가의 잔디가 눅눅한 습기를 잔뜩 머금고 있었다. 그 풍경을 무심히 바라보는데 놀랍게도 잔디밭 사이로 솟아오르고 있는 봄기운이 느껴졌다. 물론 아직은 가냘픈 기운이었다. 하지만 누렇고 축축한 잔디 밑에서 봄은 분명 조금씩 꿈틀거리고 있었다.

그 순간 내 인생도 지금까지 어둡고 추운 긴 겨울을 지내왔다면 봄도 틀림없이 저만치 와 있으리라는 생각이 들었다. 그러면서 지금 내가 할 수 있는 일 역시 첫 마음을 회복하고 계속해서 내게 주어진 시간을 충실하게 살아가는 것뿐임을 절감했다.

물론 우리를 허기지고 힘들게 하는 마음의 흙탕물을 단번에 제거하기는 힘들다. 그러나 매일 조금씩 맑은 물 한 잔씩을 집어넣는다고 생각하면 어떨까. 어느 순간 흙탕물은 가라앉고 새로움이 차오를 때가 올 것이다.

첫 마음을 회복하는 레시피

1   먼저 가만히 눈을 감고 마음속 나의 배터리 상태를 떠올려본다.

2   바닥에 가깝게 방전되었다면 충전이 필요함을 받아들인다. 삶은 계속되어야 하므로.

3   지금까지 살아오면서 가장 가슴이 뛰었던 날을 기억해 낸다.

4   진짜 내 모습이라 생각되는 나의 특징을 떠올린 후, 그 모습에 가까워지자고 되뇌어 본다.

5   매일 조금씩 내 마음에 맑은 물 한 잔을 집어넣는다는 생각으로 에너지를 모은다.

2

희망
생존의 절대 파트너

줄리언 반스가 말했듯 사람은 대개 두 부류로 나뉜다. 감정이든 생각이든 꽉꽉 드러내는 쪽과 모든 것을 꾹꾹 눌러 담고 드러내지 않는 쪽이다. 한편으로는 모든 일에 부정적인 면부터 찾아내는 부류와 반드시 긍정적인 면과 희망을 발견해 내는 부류로도 나눌 수 있다. 큰일이든 작은 일이든 늘 불평하고 징징대는 사람이 있는가 하면 웬만해서는 입도 벙끗하지 않는 사람도 있다. 가벼운 입으로 언제나 화를 자초하는 타입과 입에 빗장을 두른 듯한 타입으로 나눌 수도 있다.

어느 쪽이 낫다는 말을 하려는 게 아니다. 어떤 부류든

장단점이 있기 마련이다. 다만 징징거리며 불평만 해대는 부류는 좀 곤란하다. 주변 사람들 역시 그 징징거림을 견뎌내기 쉽지 않은 탓이다.

당사자가 겪을 문제는 말할 것도 없다(불평하기 바빠서 자신에게 무슨 일이 일어나는지 제대로 모르고 있을 여지가 더 크긴 하지만). 이런 타입은 일이 잘못되면 또 자신을 그렇게 만든 대상을 재빨리 찾아내 화를 내고 불만을 터뜨린다. 결과적으로 악순환에서 벗어나지 못하게 된다.

그래서 스피노자도 한말씀 남기지 않았나.

"징징거리지 마라. 화내지 마라. 다만 이해하라."

헨리 데이비드 소로의 말도 정곡을 찌른다.

"삶이 아무리 초라하더라도 외면하지 말고 당당히 받아들여 살아야 한다."(《월든》, 김석희 옮김, 열림원)

구로사와 아키라도 말했다.

"아무리 하찮은 일이라도 열심히 해야 한다. 열심히 하다 보면 재미있어지고 재미있어지면 열심히 하게 된다. 중요한 건 재미있어서 열심히 하는 거다."

물론 우리는 철학자도, 숲속의 은둔자도, 천재 영화감독도 아니다. 좀 징징대고 화도 내고 적당히 게으름 피운다고 해서 크게 문제 되지 않을지도 모른다. 마음에 걸리기는 하겠지만. 그런데 그런 느낌이 이어지다 보면 결국 새로운 일을 시작하기 어렵고, 과감한 도전은 꿈도 꿀 수 없는 상태가 되기 쉽다. 적당히 안주하며 기회가 와도 잡을 생각을 하지 않게 되는 것이다. 그렇게 희망도 의미도 없는 삶이 끝도 없이 이어진다고 생각해 보라. 인생에서 그보다 더 끔찍한 일이 어디 있으랴.

살다 보면 하루에도 몇 번씩 마음이 뒤집히는 때가 있다. 그 또한 인생이다. 이루어놓은 일 하나 없이 시간과 기회는 모래알처럼 손가락 사이로 빠져나가고 남은 것은 공허뿐인 듯한 순간들. 그런 때면 머릿속 한 귀퉁이에서 끊임없이 '이게 아닌데'라는 속삭임이 들려온다. 그 순간 괴롭지 않을 사람이 어디 있겠나. 그런 날이 길어지면 누구라도 우울과 불안과 절망에 잠식당할 수밖에 없다. 그런 사람들이 내게 와서 말한다.

"나만 이런 걸까요?"

나는 그들에게 말한다. 아니라고, 때로는 누구나 다 그런 순간을 겪는다고, 그게 인생이라고.

누구나 힘이 빠질 때도, 맡은 일을 끈기 있게 밀고 나가기 힘들 때도 있다. 실망할 때도, 피곤하고 아프고 화가 날 때도 있다. 그러나 그게 다는 아니다. 뜻밖의 격려에 힘이 날 때도, 인내심을 발휘할 수 있을 때도 있다. 참 잘됐구나 싶게 만족할 때도, 기쁠 때도 많다. 인생의 대차대조표를 보면 누구에게나 행, 불행이 엇비슷하다는 사실을 알 수 있다. 그런데도 나만 되는 일이 없어서 불행하다고 생각하는 것이 사람 마음이다.

나 역시 그런 시기를 힘들게 보낸 기억이 있다. 그때가 더욱 뼈아팠던 이유는 그 모든 일을 자초한 사람이 바로 나 자신이라는 자각이었다. 원하는 것을 위해 치열하게 노력했어야 함에도 그러지 못했다는 사실, 게으름 속에서 나 자신의 문제를 투사할 대상(참으로 많기도 한)을 찾아 내 원망을 키워갔다는 사실을 너무도 분명하게 깨달았으니 어찌 괴롭지 않겠는가.

다행히 그 깨달음 덕분에 나는 한 번 더 희망을 되찾을 수 있었다. 괴로움을 단번에 날려버릴 수는 없었다. 하지만 무엇이든 다시 한번 시도해 볼 수 있다는 생각만으로도 홀가분해진 기분이었다. 더불어 인생에서 내게 주어진 것들을 받아들이고, 그 속에서 내가 존재하는 목적과 의미를 찾아간다면 그것으로 충분하다는 생각을 하기에 이르렀다.

우리는 흔히 고통과 좌절과 실패가 또 다른 기회라고

말한다. 그러나 정작 고통의 순간에는 타인의 그 말이 오히려 분노만 일으킨다. 어느 정도 그 고통에서 벗어난 후에야 비로소 그 고통으로 인해 자신이 달라졌음을 스스로 알게 된다.

돌아보면 우리는 모든 일이 잘되어 갈 때 "나는 누구인가? 나는 왜 사는가?" 같은 질문을 던지지 않는다. 그러나 누구에게나 삶을 돌아볼 기회는 주어진다. 그 기회를 어떻게 활용할지는 선택의 문제다. 고통스럽지만 승화해서 발전할 것인가, 아니면 그대로 좌절하고 퇴보할 것인가 결정해야 한다. 희망을 잃지 않고 앞으로 나아갈 때 우리 앞에는 전화위복의 기회가 기다리고 있다.

끝없이 추락하는 줄만 알았는데 바로 그 추락의 끝에서 올라갈 길을 찾는 것이 인생이다. 전화위복의 반전이 있어 우리는 살아갈 힘을 얻는다. 한편으로는 그런 일들이 내게 일어난 것이 우연이 아닐지도 모른다는 생각, 나를 깨뜨리기 위해 보이지 않는 손길이 작용했을 수 있고, 만약 그런 만남이 필연이라면 상대방은 단지 내 인생에서 제 역할(설령 악역일지라도)을 충실히 한 것뿐인지도 모른다는 생각이 들기도 한다.

그럴 때마다 내가 만나는 사람, 사건 하나하나에 다 마음이 가고 신중해진다. 아마 이것이 가장 큰 전화위복인 셈이리라. 중요한 것은 내가 그 일들에 만족감을 느끼고 앞으로 나아간다는 사실이 아닐까.

3

사랑

인생을 견디게 하는 힘

오랜 가뭄 끝에 비가 내릴 때 땅의 반응을 본 적이 있다. 빗방울이 거셀수록 땅에서는 흙먼지가 풀썩풀썩 솟아올랐다. 바싹 말라 있었기에 물기가 미처 스며들지 못하는 탓이었다. 그 풍경을 보면서 우리의 내면도 오래 돌보지 않으면 저렇게 되겠구나 하는 생각이 들었다.

  다행히 바스러질 듯한 내면도 풍성하게 채우는 방법이 있다. 마음에 감사와 사랑이라는 물기가 스미게 하면 된다. 그러기 위해서는 무엇보다도 가까운 사람과의 연대, 다시 말해 좋은 감정을 서로 나누고 힘든 순간에는 위로를 건네는 행동이 필요하다.

우리는 사람들과 가까워지길 원하면서도 누군가가 나를 먼저 받아들여 주기를 기다린다. 내가 먼저 다가갔다가 무시당하면 어쩌나 하는 걱정, 어쩌면 상대방이 내 호의를 부담스러워할지 모른다는 염려, 나도 쓸데없는 관심은 싫은데 상대방도 그렇지 않을까 하는 의문 등이 발목을 잡기 때문이다.

그런데 그 모든 생각과 망설임, 갈등이 대체로 불필요함을 증명하는 존재가 있다. 바로 강아지다. 강아지들은 내 쪽에서 먼저 호의를 표시하는 편이 훨씬 더 좋다는 걸 온몸으로 보여주곤 한다.

사실 이쪽에서 망설이고 있을 때 상대가 먼저 호의를 보이는데 기분 나쁠 사람은 없다. 마음이 꽉 닫혀서 남의 친절을 받아들이길 거부하는 완고한 사람들도 물론 있다. 호의는 베풀기도 어렵지만 받아들이는 데도 유연함이 필요하다는 사실을 몸소 보여주는 사람들이라고나 할까.

그러나 강아지를 보면 순수하게 호의를 표현하고 또 받아들이는 게 얼마나 기분 좋은 일인지 배우게 된다. 강아지는 제 마음을 상대에게 반드시 표현해야만 직성이 풀리는 존재다. 좋아하는 사람이 나타나면 그 앞을 뱅글뱅글 맴돌거나 달려들어 얼굴을 온통 침 범벅으로 만들어놓고야 만다. 그렇게 하지 못하면 사는 게 뜻대로 안 된다는 표정을 짓는다.

동물들 사이에서는 인간사에서와 같은 냉정한 계산이 없다. '내가 너한테 하나를 주었으니 너도 내게 하나를 주어야 해'가 인간의 공식이다. 심지어 사랑하는 사이에도 그 계산이 철저해서 조금이라도 한쪽으로 기울라치면 속았느니 무시를 당했느니 화를 낸다. 그러나 강아지를 곁에 두고 보면 그것이 얼마나 쓸모없는 소모전인지 알 수 있다. 그들은 언제나 의연하고 일관되게 사랑은 단순히 주고 표현하는 행위라는 사실을 몸으로 보여준다. 적어도 돌려받을 수 있을지 묻지 않고 무언가를 주는 능력이 그들에게는 있다.

우리 인간도 사랑하면 상대에게 모든 것을 내줄 수 있다고 생각한다. 그러나 일방적으로 주기만 하는 자신이 억울하게 느껴지기 시작하면 꼭 문제가 생겨난다.

결혼식이 많이 열리는 봄가을이면 웨딩 촬영 중인 신랑 신부들이 많이 보인다. 어느 커플을 봐도 신랑은 늠름하고 신부는 화사하다. 그 모습대로라면 평생 싸움 따위는 하지 않고 행복하게 잘 살 것 같다. 하지만 놀랍게도 거의 모든 커플이 신혼여행에서 돌아오면서부터 싸움을 시작한다. 심지어 결혼사진을 벽에 거느냐 마느냐를 두고 싸움을 시작하는 커플도 있다. 신랑은 그런 걸 몹시 싫어하는데, 신부는 결혼사진 액자로 침실이며 거실을 장식하는 신혼생활을 꿈꿔왔다면, 그런 커플이 싸우지 않을 도리란 없다.

거기에 주도권을 뺏길지도 모른다는 불안감이 가세하면 자신도 모르게 서로의 행동에 제동을 걸게 된다. 그때마다 당연한 수순으로 하늘과 땅만큼이나 두 사람의 성격이 다르다는 데 깜짝 놀라지 않을 수 없게 된다.

이를테면 남편은 깔끔한 완벽주의자다. 물건이든 책이든 언제나 자신이 원하는 자리에 완벽하게 정리돼 있어야 마음이 편한 스타일. 아내는 정반대다. 남편은 아내에게 불평을 터뜨린다.

물론 소용이 없다. 오히려 아내로부터 "도대체 이런 시시콜콜한 일이 왜 문제가 돼? 당신 성격을 이해할 수 없어. 날 사랑한다면 그쯤은 나한테 맞춰줘도 되는 거 아니야?" 하는 반격이나 날아올 뿐. 그러면 남편도 지지 않고 아내에게 소리치게 된다. "너야말로 날 사랑한다면서 나한테 맞춰주면 안 되니!" 하고.

나는 임상에서 성격 차이로 도저히 같이 못 살겠다고

하소연하는 신혼부부를 자주 만난다. 그런데 자세히 보면 대부분 '진정 사랑한다면 상대가 성격을 굽히고 나한테 맞춰야 한다'는 전제를 깔고 있다.

세상에 딱 들어맞는 것은 열쇠와 자물쇠밖에 없다. 자물쇠와 열쇠처럼 그렇게 딱 들어맞는 배우자를 만날 확률이 얼마나 될까? 나의 임상 경험으로 미루어 보건대 0.000001퍼센트쯤 되지 않을까 싶다.

해결 방법은 하나밖에 없다. 상대가 내게 맞춰주기를 바라기 전에 내가 상대를 어떻게 이해할지를 먼저 생각하는 것이다. 그렇게 하지 않고 갈등과 좌절, 다툼과 분노만 쌓다 보면 자연스레 이별의 순간이 다가오기도 한다. 그러나 사실 갈등이 끼어드는 순간이 진짜 사랑이 시작되는 때인지도 모른다. 중요한 것은 우리에게 그런 갈등을 극복할 용기가 있는가이다.

사랑에 필요한 또 다른 요소는 '인내하는 마음'이다. 내 모습이 어떠하든지 있는 그대로의 나를 받아주고 인정해 주고 사랑해 주는 사람이 주위에 있으면 우리는 웬만한 일은 참고 견뎌낸다.

빅터 프랭클의 《죽음의 수용소에서》에는 이런 내용이 나온다.

나치군은 감자 몇 파운드를 훔친 죄수를 찾기 위해 수용소에 감금된 모든 사람을 굶긴다. 사람들 사이에서 동요가 일어난다. 감자를 훔친 사람을 고발하고 남은 사람이나마 배불리 먹자는 무리가 생겨난 것이다. 그러나 막상 그럴 수도 없었다. 감자를 훔친 사람은 총살형을 당할 것이 분명했기 때문이다. 그러자 한 사람이 프랭클에게 다가와 "당신은 정신과 의사이니 우리가 이 고비를 넘길 수 있게 도와달라"고 부탁한다. 프랭클도 암담하고 처참했으나 그는 자기 아내의 이야기를 꺼내며 "우리는 우리가 살아 돌아오기를 기다리는 단 한 사람을 위해 살아야 한다"는 요지의 대답을 한다.

그때 그는 이미 아내가 다른 수용소에서 죽었다는 사실을 알고 있었다. 하지만 그렇게 말함으로써 감자를 훔친 그 사람도 살아 돌아가야 함을 역설한 것이다. 사람들은 그의 말을 듣고 흐느껴 울면서 배고픔을 견뎌내기로 한다.

그들은 모두가 다 함께 고비를 넘기고 살아남아 그들이 사랑하고, 그들을 사랑하는 사람들 곁으로 돌아가야 한다는 일념으로 위기를 버텨낸다.

죽음을 넘어서는 절망적인 순간에도 그들은 사랑이 있어서 삶을 견딜 수 있었다. 그 사랑의 힘이 지금 우리에게도 필요하다. 그런 힘이 서로를 향한다면 마치 나무에 서서히 수액이 차오르듯 우리 내면도 풍성해지지 않을까. 야고보 알베리오네 신부의 말처럼 사랑이 있다면 개인의 생각을 억제하거나 무시하지 않고 다른 사람들의 생각을 받아들이도록 강요하지도 않을 테니까.

4

기대

미래를 만들어가는 씨앗

강아지를 데리고 아침 산책에 나섰을 때의 일이다. 갑자기 눈앞이 환해지는 느낌이 들었다. '뭐지?' 싶다가 곧바로 깨달음이 왔다. 어제까지만 해도 시커멓던 목련나무가 하룻밤 사이에 하얀 꽃망울을 마구잡이로 터뜨리고 있었다. 개나리도 그랬다. 바로 어제까지도 개나리의 눈부신 노란 빛을 볼 수 있을 거라고는 전혀 상상하지 못했다. 그 느닷없음에 당황스럽기까지 했다.

그러다 문득 알아차렸다. 내가 매해 봄마다 똑같은 상황을 겪는다는 사실을. 거의 반란에 가까운 봄꽃들의 진군은 내게 늘 느닷없고 그래서 당황스러움과 놀라움을 안겨주곤 한다. 그런데 올해는 조금 달랐다. 한 가지 다른 깨달음이 더 왔다. 목련도 개나리도 겨울 동안 조금씩 꽃망울을 터뜨릴 준비를 해왔는데 나만 혼자 그 순간을 느닷없다고 여겼다는 깨달음.

그 나무들은 아마 긴 겨울 동안 봄을 향한 기대로 충만해 있었을 것이다. 뿌리에서부터 조금씩 수액을 끌어 올리며 누구의 눈에도 띄지 않을 만큼이지만 꽃망울을 밀어내고 있었으리라. 그것이 어느 순간 만개한 꽃송이들로 나타난 것일 뿐. 그 모습을 보면서 우리의 삶도 다르지 않다는 생각이 들었다.

우리는 살아가는 동안 일단 '기대'라는 씨앗을 마음에 심고 있어야 한다. 그렇지 않으면 우리 인생은 계속해서 겨울나무처럼 시커먼 잿빛에 머무를지도 모른다. 언젠가 반드시 내가 원하는 성취를 이루고 싶다면 그에 앞서 '기대하는 마음'이 있어야 한다. 김태원 씨의 사례를 보자.

그는 심각한 외모 콤플렉스에 시달리고 있었다. 그래서 여자친구를 사귀는 일에 대해 아무런 기대도 하지 않고 있었다. 나이답지 않게 머리카락이 거의 없는 데다가 이목구비도 매우 투박한 태원 씨는 별명이 '슈렉'일 정도였다. 명문 대학 출신에 약사라는 직업도 그다지 도움이 되지 않았다.

태원 씨는 여자를 만날 때마다 "제 별명이 뭔지 아세요?" 하고 묻곤 했다. 여자들 열에 일곱은 자신도 모르게 "혹시 슈렉?"이라는 대답을 내놓았다. 그러고는 남의 외모를 그런 식으로 평한 자신에게 오히려 더 당황하는 모습을 보였다.

그런데 슈렉에게는 피오나가 있지 않은가. 그에게도 피오나가 있었다. 한때 애틋하게 태원 씨를 좋아한 여자가 있었다. 하지만 그 당시 태원 씨는 자기 같은 남자를 진심으로 좋아할 사람이 있을 리 없다고 생각했다. 당연히 상대에게 어떤 기대도 없었고 마음을 열지도 못했다.

상황은 시간이 흘러도 나아지지 않았다. 여전히 태원 씨는 여자를 만나면 공격적인 태도를 보이거나 자신의 외모를 비하하며 스스로를 농담거리로 삼았다. 처음엔 재미있어하던 여자도 나중에는 몹시 피곤해했다. "하긴 나 같은 놈을 만나다니 당신도 어지간히 눈이 낮군." 이런 말을 들으면서까지 남자를 만나고 싶은 여자가 어디 있을까?

다행히 태원 씨는 상담을 이어가면서 자신이 여자 앞에서 기대는커녕 지나치게 방어적으로 행동했음을 인정했다. 외모가 문제가 아니라 상처받기 싫다는 생각에 마음의 문을 닫는 태도로 미리 모든 기대와 기회를 차단해 왔다는 사실도. 나아가 그런 태도를 바꿔보겠다고 다짐했다.

외모가 훌륭하지 않아도 생동감 넘치고 매력적인 사람들은 많다. 그들은 자신의 여러 장단점이 '나'라는 사람을 구성한다는 사실을 잘 알고 있다. 그래서 장점은 더욱 발전시키고 단점은 보완하려고 노력한다. 늘 기대로 가득 찬 열린 마음으로 인생을 마주하려고 최선을 다한다. 그 결과, 다른 사람들의 시선이나 평가로부터 자유롭다. 자신을 있는 그대로 받아들이면서 그 안에서 개성과 독특함을 찾아낸다.

그런가 하면 20대가 다 지나도록 인간관계에서 어떤 기대도 하지 않고 오직 존재감 없는 사람이 되기 위해 필사적으로 애써온 사람의 사례도 있다. 그는 존재감 없는 사람은 실패해도 남의 눈에 띄지 않을 테고 상처도 덜 받으리라 생각했다.

존재감을 없애고 싶어 하는 사람에게도 나름의 이유가 있다. 그는 초등학생 시절부터 자주 어머니로부터 "쓸모없는 녀석, 대체 저걸 나중에 어디다 쓰겠어!" 하는 소리를 듣고 자랐다. 무엇이든 뛰어난 형에 비해 그는 늘 뒤처지는 동생이었다. 물론 어머니는 화가 나면 형에게도 비슷한 소리를 했다. 하지만 형은 "엄마는 우릴 어디다가 쓰려고 키우시나요?" 하고 농담으로 대꾸했다. 그때마다 어머니는 웃음을 터뜨리며 형을 더욱 예뻐했다.

늘 주눅 들어 있던 그가 어머니의 질타를 피하는 길은 자신을 드러내지 않는 것뿐이었다. 그러니 어린 마음에도 패배감이 쌓이고 결국 실패를 두려워하는 어른으로 성장할 수밖에 없었다.

이런 경우 대부분 자신의 타고난 성격에 문제가 있다고 생각하기 쉽다. 자신의 행동을 합리화하면서도 한편으로는 자기비하에 빠지게 된다. 그러나 실패와 상처를 두려워하는 마음이 가장 큰 원인임을 알게 되면 해결 방법이 보인다.

실패와 상처를 향한 두려움은 인생에 대한 기대와 꿈을 접게 만드는 고전적인 함정이다. 이 함정에서 벗어나려면 먼저 자신이 무가치하다는 생각, 그로 인한 패배감 등 과거의 경험으로 우리 속에 잘못 입력된 프로그램을 수정해야 한다. 우리는 실패함으로써 단 한 걸음이라도 앞으로 나아갈 수 있다. 두려움 때문에 모든 기대와 꿈을 포기하는 태도는 인생을 회피하는 짓일 뿐이다.

긍정적인 사람과 부정적인 사람은 인생의 목표와 그것을 추구하는 방법에 있어 하늘과 땅만큼의 차이가 난다. 긍정적인 사람은 스스로 행복해질 권리가 있다고 믿어 의심치 않는다. 반대로 부정적인 타입은 자신이 얼마나 불행해질 수 있는지를 더 많이 생각한다. 그러면 마음의 허기에 시달릴 수밖에 없다.

마음의 허기를 채우는 데 가장 중요한 요소는 앞날을 향한 기대와 꿈을 갖는 태도다. 그런 의미로 꿈이 우리 삶의 밑그림이라는 말은 참된 사실이다. 한 작가는 '꿈은 물리적인 세계가 삶 속에서 제자리를 찾게 해주는 데 꼭 필요하다'는 의미의 문장을 썼는데 나 역시 깊이 동의한다.

기대와 꿈은 그 자체로 추진력을 가진다. 만일 인생의 모든 일에서 망설이는 사람이 있다면 기대와 꿈의 추진력을 믿고 자신을 맡겨보는 것은 어떨까. 그 기대와 꿈이 미래의 씨앗이 되어 마침내 아름드리나무로 자라는 날이 올 테니까.

5

약동

넘쳐나는 생동감으로
솟아오르기

3월의 봄, 짧은 여행길에 만난 야트막한 야산에는 드문드문 진달래가 피어 있었다. 아직 나무에서 새싹조차 움트지 않은 산은 대부분 흙빛에 가까운 갈색으로 가득했다. 그 사이로 보이는 연분홍 진달래는 애잔하고 눈물겨웠다. 뭐랄까, 수줍으면서도 "나 여기 있어요" 하고 속삭이는 느낌을 주었기 때문이리라. 그런 진달래를 비롯해 봄꽃들이 지고 나면 자연은 생명력으로 차오르기 시작한다.

그 봄의 이미지를 한 구절로 표현한다면 단연 '약동하는 생명력'이 아닐까. 5월에 접어들면 온 세상은 푸르른 신록으로 가득해진다. 산이든 숲이든 어디에 눈을 두어도 온통 싱그러운 초록뿐이다. 그 시기에는 애잔함 없이 초록을 있는 그대로 즐기기도 가능해진다. 약동하는 생명력이 주는 선물이다.

우리 인간사에도 때로는 그런 선물이 필요하다. 지나치게 내향적이고 고독한 생활이 일상이 된 사람들에게는 특히 그렇다. 그들은 앞서 언급한 '존재감 없는 사람'이 되고자 애쓰는 사례와는 또 다르다. 앞선 사례가 실패에 대한 두려움 탓에 없는 사람처럼 살고자 하는 경우라면 내향적인 타입은 타고난 수줍은 성격과 성장 과정의 상처에 더 많은 영향을 받는다는 차이가 있다.

내가 임상에서 만난 한 여성은 초등학생 시절부터 별명이 '빨간 사과'였다. 아파트 단지 부근의 학교에 다니며 늘 같은 친구들과 어울리다 보니 그 별명은 고등학생이 될 때까지 따라다녔다. 빨간 사과, 혹은 오리 엉덩이. 둘 다 '원숭이 엉덩이는 빨개, 빨가면 사과-' 하는 노래에서 나온 별명이었다. 왜 원숭이가 오리가 되었는지는 알 수 없지만.

그가 초등학교 2학년 때 반장 선거가 있었다. 수줍음이 많은 탓에 학교에 가면 그저 그림처럼 앉아 있곤 했던 내담자는 반장이 되는 일은 생각조차 해보지 않았다. 그런데 한 남자애가 그를 반장으로 추천해 어찌 된 일인지 실제로 뽑히는 결과로 이어졌다. 놀란 그는 얼굴이 사과처럼 빨개졌고 거의 숨도 못 쉴 지경이 되고 말았다.

하지만 반장이 되지는 못했다고 한다. 담임선생님이 훨씬 씩씩하고 말 잘하고 야무진 친구를 반장으로 올리고 내담자는 부반장을 시켰다. 문제는 그 후 짓궂은 남자아이들이 "쟤는 빨간 사과래요. 원숭이 엉덩이래요" 하고 놀리기 시작한 데서 시작됐다.

그 일은 내담자에게 치명적인 상처로 남았다. 어른이 된 지금까지도 그는 결코 사람들 앞에 나서려고 하지 않았다. 그러다 보다 못한 가족들의 권유로 상담을 받기에 이르렀다.

내성적이고 수줍음 많은 성격이라면 대체로 내담자와 비슷한 경험을 한두 번쯤은 하게 된다. 그들에게 상처를 잊고 수줍은 성격을 극복하기란 결코 쉬운 일이 아니다. 주목받거나 관심의 대상이 되는 일 자체가 그들에게 정말 견디기 어려운 순간이기 때문이다. 친화력을 발휘해 누군가에게 다가가기 역시 죽기보다 어렵다.

대학 졸업 후 어렵게 취업해 놓고 출근하지 못하겠다고 하는 내담자도 있었다. 그는 회사에 출근할 생각만 해도 심한 불안감에 사로잡혀 괴롭다고 하소연했다. 그 역시 지나치게 내성적인 성격이 가장 큰 이유였다. 더욱이 그가 취업한 곳은 대인관계가 중요한 부서였다. 그런데 자신처럼 수줍음을 많이 타는 성격이 잘 해낼 수 있을지 너무 걱정된다고 했다.

"차라리 출근하지 않는 편이 낫지 않을까요?"

모르긴 해도 지금도 그와 비슷한 고민을 하는 사람들이 꽤 있으리라.

통계에 따르면 수줍음을 타는 사람들 가운데 3분의 1은 그런 성격을 타고나며 나머지 3분의 2는 성장 과정에서 겪은 불안감과 상처가 가세해 영향을 미친다고 한다. 앞서 살펴본 사례자 역시 두 가지 영향을 다 받은 경우라고 하겠다.

사례자와 비슷한 사람들은 수줍음을 타는 내성적인 성격을 극복하는 것도 중요하다. 그러나 말했듯이 쉽지 않은 일이다. 그럴 때는 그 성격을 장점으로 활용하는 방향도 하나의 해결 방법이 될 수 있다.

미국에서 내성적이고 수줍음 많은 성격과 거침없고 외향적인 성격의 사람 중 어느 쪽에 더 호감을 느끼는지 실험한 적이 있다고 한다. 많은 이들의 예상과 달리 내성적이고 수줍음을 타는 쪽이 더 많은 호감을 얻는다는 결과가 나왔다.

기업의 최고경영자도 내향적인 성격이 더 많다는 통계가 있었다. 단호하고 담대한 리더십도 중요하지만, 품위와 철학을 갖춘 내강외유의 부드러운 리더십 역시 유능한 경영자를 만들어낸다. 실제 임상에서 많은 기업 경영자를 상담한 내 경험과도 어느 정도 일치하는 결과다. 그들 역시 자신의 성격을 장점으로 만들었기에 가능한 일이었다.

그럼에도 불구하고 '내가 붙임성도 있고 타인과 거침없이 잘 어울리고 말도 잘하고 씩씩하면 얼마나 좋을까' 하는 생각에만 몰두해 있는 사람들도 적지 않다. 내성적인 성격일수록 아무래도 자신이 원하는 모습이 되기는 어렵다는 생각에 더 불안감에 사로잡힌다.

내성적이고 수줍음 많은 성격이 상대에게 호감으로 작용할 수 있으며 장점이 될 수 있다는 건 분명한 사실이다. 수줍음이란 자신을 성찰하는 능력과 연관되기 때문이다.

상담을 해보면 어릴 때부터 수줍음을 많이 타는 아이들이 생각이 깊고 늘 옳은 길을 가려는 마음을 가진 경우가 많았다. 그러면 당연히 인간관계에서도 예의를 지키고 잘못되거나 지나친 행동을 하지 않으려고 노력한다.

결국 자신의 수줍음이 장점이라는 사실을 받아들이고 마음의 문을 조금씩 여는 태도가 중요하다. 그러다 보면 대인관계가 좋아지고, 나아가 좀 더 생동감 있고 활력에 찬 하루하루를 살아갈 수 있다.

겨울 동안 시커멓기만 하던 나무에 파릇파릇한 새싹이 돋아나는 모습은 내게 언제나 경이로움을 느끼게 한다. 그 새싹들이 어느새 커다란 잎으로 피어나고 그 잎들이 모여 무성한 신록을 만들어내는 생명력은 또 어떤가. 그러한 모습을 보는 것만으로도 내 안에서도 무언가 새로운 기운이 약동하는 느낌이 들 때도 있다. 그 약동 자체가 이미 우리 삶의 기적이라고 생각한다.

생동감과 활력을 되찾는 레시피

1. 수줍음이란 나를 성찰하는 능력을 의미한다고 생각한다.

2. 수줍음은 냉정함과 두려움과는 다른 감정임을 인식한다.

3. 수줍음 아래 숨겨진, 내가 발휘하고 싶은 잠재력이 무엇인지 파악한다.

4. 생동감이란 표현해야만 드러나는 감각임을 이해하고 감정을 표현하기 위해 노력한다.

5. 자연이 주는 놀라운 생명력과 활력을 경험해 본다.

6

성장

고치를 뚫고
아름다운 나비가 되려면

얼마 전 거리를 걷다가 우연히 광고 문구를 하나 보았다. 정확하지는 않지만 '잘하고 싶다는 건 곧 네가 자라난다는 뜻이다'라는 의미의 글귀였다. '성장'에 꼭 들어맞는 문장이라는 생각에 신선함을 느꼈다.

나이가 몇이든, 인생에서 어떤 경험을 하든 우리는 늘 성장해 나가는 존재다. 특히 앞에 소개한 문장처럼 어떤 일이든 간절히 잘하고 싶을 때 우리는 지금보다 몇 단계 더 성장할 가능성이 크다.

천잠은 '전설 속 나방'이라 불리는 산누에나방이다. 천잠이 만들어내는 실은 고급 원단인 실크의 원재료인데

워낙 귀해서 따로 정해진 값이 없을 정도라고 한다. 천잠이 애벌레에서 나비가 되기까지의 과정을 담은 다큐멘터리를 본 적 있다. 천잠은 무려 네 번이나 허물을 벗고 나서야 나비가 되었다.

화면 속 천잠의 애벌레는 사랑스럽고 경이로웠다. 카메라를 통해 육안으로는 절대 볼 수 없는 애벌레의 발톱까지 샅샅이 감상하면서 그토록 작은 곤충에게도 제대로 된 발톱이 나 있는 모습에 놀라는 동시에 하느님께서 이 땅의 어떤 생명도 소홀히 지으시지 않았다는 말씀을 비로소 이해하게 되었다. 의대생 시절, 현미경으로 세포를 들여다보았을 때와는 또 다른, 어딘가 초자연적인 감상이었다.

천잠사는 그 어떤 칼로도 쉽게 자를 수 없을 만큼 강하고 질기다고 한다. 그런데 천잠은 그 천잠사로 매우 정교하게 지은 고치를 다시 자기 힘으로 뚫고 나와야 비로소 아름다운 나비가 된다. 그때 만약 인위적으로 고치를 대신 찢어주면 천잠은 그대로 죽어버리고 만다. 천잠처럼 우리 인간도 몇 번의 허물을 벗으며 성장해 간다. 그 과정에서 온갖 어려움을 딛고 일어설 때 비로소 한 인간으로서 자기만의 모습을 갖출 수 있다.

성장에 관해서라면 일전에 다른 책에도 한 번 언급한 적 있지만 늘 생각나는 사례가 있다. 어느 날 작은 식당에 갔을 때의 일이다. 옆자리에서 대학생인 듯한 젊은 여자 둘이 큰 목소리로 이야기를 나누고 있었다.

"너 아무개 소식 들었니?"

한 여학생이 말했다.

"걔가 요즘 사귀는 애가 백수 원단이라지 뭐니?"

'백수 원단'이란 백수 중에서도 가공 안 된 옷감처럼 완벽한(?) 백수라는 의미인 모양이었다.

"어머머, 미쳤네. 어쩔 셈이래?"

다른 여학생이 호들갑 떨며 그 말을 받았다.

"잘은 모르지만 결혼 얘기까지 꺼냈다가 엄마한테 엄청 깨졌다나 봐."

"졸업도 안 했는데 벌써 결혼 얘길 한다고? 게다가 백수면 지가 먹여 살린대?"

"한번 백수라고 계속 백수란 법은 없다는 거겠지."

"어이가 없다. 인물만 본 거 아냐?"

그러자 당시 인기 절정이던 남자 배우를 닮긴 했다더라는 대답이 나왔다. 그의 팬인 듯싶은 상대 여학생은 "말도 안 돼. 대체 어디다 가져다 붙이는 거야" 하며 자지

러졌다. 다시 처음 말을 꺼냈던 학생의 대꾸가 이어졌다.

"너무 그러지 마라. 그 배우도 뭐 처음부터 성공했니? 누구한테나 무명 시절이란 게 있잖아. 그 남자애한테도 싹이 보이나 보지. 그래서 걔가 엄마한테도 앞으로 성장할 가능성이 있는 사람을 알아보고 함께 발전해 나가는 게 의미 있지 않냐고 했대. 그 말은 멋있지 않니?"

그 물음에 옆 테이블에 앉아 있던 내가 고개를 끄덕였다. 안락함을 추구하는 것은 인간의 본성이다. 남녀관계나 인간관계나 인생 전반 모두에서 그렇다. 기왕이면 모든 조건을 전부 갖춰서 불편함을 주지 않는 상태가 좋다. 포장도로를 놔두고 애써 비포장도로로 가는 건 바보들이나 하는 짓이다. 하지만 과연 그게 다일까.

성장해 나가는 매 과정에는 언제나 성취의 기쁨이 있다. 그것이 인생에서 얼마나 값지고 감격스러운 순간인지 다 차려진 밥상 앞에만 앉는 사람은 결코 알 수 없다. 고생하고 노력하는 것이 싫다고 성장 과정을 무시한다면 그것은 일종의 자기 도피이고 정신적 게으름이다.

우리가 성장하기 위해서는 몇 가지 필요한 요소가 있다.

첫 번째는 자신이 인생에서 무엇을 원하는지 정확하게 아는 것이다. 원하는 바를 분명하게 아는 사람은 그에 상응하는 목표를 세우고 정진한다. 목표가 없는 인생에 성장 욕구나 성취동기가 있을 리 없다. 인생에서 원하는 바를 알지 못하면 어떻게 성장과 발전을 기대할 수 있겠는가. 그런 생활이 계속 이어진다면 그 앞에 기다리고 있는 것은 지리멸렬, 황폐한 인생일 수밖에 없다.

두 번째는 내면의 열등감을 제대로 인식하고 그것을 극복하고자 애쓰는 노력이다.

열등감이 심하면 누구라도 성장하고 발전해 나가는 데 한계를 경험할 수밖에 없다.

그런 상태에서 벗어나려면 먼저 있는 그대로의 자기 모습을 인정해야 한다. 우리는 아침에 누구와 눈을 뜨는가. 바로 나 자신이다. 성장 욕구를 가지고 원하는 성취를 위해 노력하는 존재도 나 자신이다. 인생에서 의미를 찾고 그것을 달성할 사람 역시 나 자신이다. 따라서 내 모습을 먼저 있는 그대로 인정하고 받아들일 때 우리는 작은 발걸음이라도 앞으로 내디딜 수 있다.

자신의 진짜 모습을 알면 타인에 대해서도 너그러워질 수 있다. 그리고 이는 다시 내면의 성장으로 이어진다. 프랑스 정신의학자 프랑소와즈 돌토는 "다른 사람에게 투사해 버린 것들을 자신의 내면에서 다시 찾게 되는 순간 우리는 성장한다"라고 말했다.

열등감이 나쁜 것만은 아니다. 만약 우리가 완벽하다면, 모든 것을 다 갖추고 있다면 우리는 생에 아무런 흥미도 욕구도 느끼지 못할 테다. 부족한 것, 극복해야 할 것이 있기에 삶에 대한 의지를 가질 수 있다. 그런 의미에서 열등감은 우리 성장의 밑거름이라고도 할 수 있다.

언제나 삶에 열린 마음을 유지하고 무슨 일에든 최선을 다한다면 우리는 늘 성장하는 존재로서 젊음을 잃지 않고 살아갈 수 있으리라.

7

관계

따뜻함과 유쾌함의 콜라보,
그리고 여백

최근 우리는 모두 격심한 불안의 시대를 살고 있다. 인간관계라고 다를 게 없다. 다행히 주위에 마음을 나눌 사람이 하나라도 있다면 웬만한 좌절에서는 이미 구제되었다고 할 수 있다. 학창시절의 우정도 마찬가지가 아닌가 싶다. 그 시절의 혼란과 방황 속에서 친구들의 존재가 아니면 무엇으로 그것을 견딜까. 나 역시도 그 시절 친구들과 모이면 누가 먼저랄 것도 없이 "왜 사는지 존재 의미도 모르는데 그냥 콱 죽어버릴까" 하면서 한창 예민을 떨곤 했더랬다.

그러다가도 학교 뒷산에 올라 흙더미에서 뒹굴거나 친

구가 신발주머니에 넣어온 건빵을 나눠 먹으면서 깔깔대며 고민을 털어버렸다. 그뿐인가. 연극이든 문학이든 좋아하는 일에 열정적인 친구들의 모습은 내게 늘 신선한 자극제가 되어주었다.

나는 대학교에서도 좋은 사람들을 많이 만났다. 한 친구는 지금도 내 평생의 상담자 노릇을 해주고 있다. 그 친구에게는 자주 "넌 정신과 의사에게 상담을 해주고 있으니 자부심을 가지라"는 농담을 건네곤 한다. 대학 새내기 시절, 같은 과 여학생들끼리 대화를 나누면서 연을 맺게 된 친구다. 어쩌다 삶에 대해 이야기를 나누면서 그 친구가 말했다.

"나는 삶이란 하느님이 주신 선물이라고 생각해. 선물이란 좋고 나쁨을 떠나 일단 받는 것만으로도 행복하잖아. 삶도 마찬가지야."

그 말에 나는 충격을 받았다. 무슨 허세였는지 그 무렵 나는 니체를 들먹이며 한창 허무주의에 빠져 있었다. 태어남은 내 의지로 선택할 수 없지만 죽음은 선택할 수 있는 게 아닌가 하는 문제에서부터 우리 삶에서 어디까지가 인간의 의지고 어디까지가 신의 뜻인지 알고 싶고 시험하고 싶다는 생각에 몰두해 있던 때이기도 했다. 대학에 입학한 후 도서관에 가서 처음 찾아 든 책이 에밀 뒤르켐의 《자살론》이었을 정도다.

그런데 인생이 하느님의 선물이라니, 나로서는 충격을 받는 게 당연했다. 그 후 우리는 많은 시간을 함께 보냈다. 대학을 졸업한 후로는 진로가 달라져 자주 만나지는 못하지만 나는 여전히 그 친구의 목소리만 들어도 마음이 따뜻해진다.

나는 다른 사람들에게도 사랑이라는 빚을 지고 산다. 그들의 사랑과 믿음이 있어 힘들 때도 변함없이 기운을 얻는다. 그러면서 나도 누군가에게 조금이나마 그 빚을 갚고 있는지 고민하게 되고, 새삼 '관계'가 주는 따뜻함에 대한 생각을 이어가곤 한다.

물론 대인관계에 어려움을 겪을 때도 있다. 나는 특히 누군가에게 단호하게 "안 돼"라고 말하기를 어려워한다. 거절을 잘 못하는 것이다. 그런 나를 두고 "정신의학 전문가라면서 어떻게" 하고 놀리는 지인도 없지 않다. 그래도 다행히 그런 경험 덕분에 거부 불안 문제로 힘들어하는 내담자들에게 더 깊은 이해와 공감을 하게 되었다.

우리가 쉽게 "안 돼"라고 말하지 못하는 것은 거절했다고 상대방이 나를 싫어하면 어쩌나 하는 심리 때문이다.

누구인들 그런 상태에 놓이기를 바랄까. 정신적으로 건강한 사람은 주변 사물이나 사람에 대해 객관적인 지각과 판단 능력을 갖추고 있다. 상대나 상황을 있는 그대로 받아들인다. 반면 정신이 건강하지 못한 사람은 자기의 필요와 욕구에 따라 주관적인 해석을 덧붙인다. 억압, 두려움, 불안 등의 심리가 왜곡된 형태로 나타나는 것이다.

미국의 저명한 심리학자 에이브러햄 매슬로는 그런 병적이고 신경증적인 심리 상태를 가리켜 '정서적인 병이 아니라 인지적 오류'라고 했다. 자신의 주관적 관점에 따라 잘못 알고 잘못 판단함으로써 올바른 관계 맺기에 실패한다는 설명이다.

그런 의미에서 나는 인간관계에도 약간의 완충지대, 다시 말해 일정한 여백이 필요하다고 생각한다. 수묵화가 한가롭고 운치 있는 것은 여백이 있기 때문이다. 빼곡하게 자란 나무는 서로의 성장을 방해한다. 텃밭의 푸성귀도 촘촘히 올라온 싹은 솎아주어야 잘 자란다. 그렇듯 인간 사이에도 여백이 있어야 한다.

자아가 분명하고 감정 분화가 높은 사람은 서로의 고유 영역을 인정하는 데 그다지 어려움을 겪지 않는다. 상대방에게 거는 기대도 현실적이다. 반대로 의존적인 사람은 영역의 경계를 아예 무시하는 경향을 보인다. 상대방을 향한 기대도 비현실적이고 일방적이다. 그러면서 자기 뜻대로 되지 않으면 원망하고 불평한다.

그런 타입은 상대 또한 자신에게 의존하도록 만드는 데도 열심이다. 만약 상대가 그런 태도에 회의적인 생각을 품으면 두 사람 사이는 욕구불만과 적개심 때문에 긴장과 불안감만 고조될 뿐이다. 서로에게 자신의 상처를 투사하며 원망하다가 원수처럼 돌아서는 사람들이 대개 이런 유형에 속한다.

정도가 심하지는 않아도 사람은 누구나 타인과의 관계에서 친밀감과 동시에 거리감을 바라는 욕구로 갈등하게 마련이다. 이 갈등과 불안을 이겨내는 방법은 서로의 고유 영역을 인정하는 것이다. 관계의 경계가 모호하고 너와 나의 구별이 없다면 각자 상대의 고유 영역을 침범하고 있다는 사실을 인지하고 한 발씩 물러나 보도록 한다. 아무리 사랑하는 사이일지라도 각자의 개성과 한계가 있음을 받아들이고 인정해야 한다.

자신과의 관계에서도 거리는 필요하다. 특히 자신의 감정 속에 침몰할 것 같을 때는 거리를 두고 지금의 상태를 점검해 볼 필요가 있다. 곧이곧대로 표현하기 전에 자신이 왜 그런 감정을 느끼는지, 왜 그런 생각을 하는지 충분히 살펴보자. 그러면 감정의 폭풍에 휘말려 곧장 후회할 짓을 저지르는 일은 없을 것이다. 그런 의미에서 나는 프랑소와즈 돌토가 저서 《정신분석학의 위협 앞에 선 기독교 신앙》에 남긴 말에 전적으로 공감한다.

"다른 사람을 사랑하기 위해서 우리는 자신을 사랑해야 한다. 그를 위해서는 여태껏 타인과의 관계에서 실패했던 일들을 받아들이고, 속았던 일들과 대화 도중에 남은 앙금까지 모두 받아들여야 한다."

사람은 누구나 때로 혼자 있을 필요가 있다. 혼자일 때처럼 완전한 자유를 경험하는 순간이 어디 있는가. 타인을 신경 쓸 필요도 없고 누군가를 기쁘게 하려고 애쓸 필요도 없다. 오로지 나와의 관계만이 존재한다. 혼자 마음껏 울 자유, 마음껏 웃을 자유를 우리는 타인과의 공간에서는 경험하지 못한다. 고독 속에 가장 마음이 열려 있는 상태, 마음의 벽이 가장 낮아진 상태로 자신과 만날 때 우리 영혼은 비로소 내면의 가장 진실한 면을 내보인다.

인간관계에 도움을 주는 레시피

1 인간관계는 삶 자체이고 경험임을 기억한다.

2 마음을 열 수 있는 사람이 한 명만 있어도 성공한 인생이라고 생각한다.

3 약간의 거부 불안은 자연스러운 현상임을 받아들인다.

4 친한 사이라도 여백이 필요하다는 사실을 인정한다.

5 때로는 혼자 있는 시간을 즐기려 노력한다.

여름 —— 夏

여름은 사계절 중 가장 화려하고 사람을 달뜨게 만드는 계절이다. 휴가나 여행을 떠나고 싶고, 많은 사람을 만나서 복작거리는 하루도 즐기고 싶다. 봄이 소년 소녀의 계절이라면 여름은 청년의 계절이다. 원색이 빛을 발하는 젊음의 계절인 것이다.

명리학에서는 불을 뜻하는 화火의 오행이 여름을 상징한다. 우리는 불이 있어서 인간답게 살아갈 수 있다. 그러나 불은 자칫하면 초가삼간을 태우기도 한다. 그러니 젊은 날의 열정을 적절하게 통제하는 노력도 필요하다. 주역에서도 불을 품은 중화리괘重火離卦가 여름을 상징한다. 봄이 성장의 첫걸음이면 여름은 그 성장이 발전해 나가는 계절이다. 하루 중에서는 한낮에 해당하는 시간이라고 할 수 있다.

1

열정

거침없고 두려움 없는
하루하루를

 여름은 웬만해서는 무언가를 은폐하거나 회피하기가 불가능한 계절이다. 녹음은 무성하고 장맛비는 흘러넘치고 더위는 숨이 막히는데 달아날 길은 없다. 방법은 하나뿐이다. 바로 정면 돌파. 그러려면 그에 알맞은 에너지, 즉 열정이 있어야 한다.
 정신의학적으로도 열정적인 사람은 여름과 가장 많이 닮아 있다. 솔직하고 거침없고 두려움 없는 여름의 특성을 열정적인 사람 역시 그대로 가진다. 매사 거침없이 행동하고 웬만해서는 하기 어려운 도전을 수시로 감행한다.
 자연 속에서 열정은 여름 같은 불에 해당한다. 불은 우리에게 따뜻함과 빛을 제공해 준다. 앞서도 언급했듯 그 덕분에 우리는 인간답게 살아간다. 빛이 없으면 우리는 춥고 어두운 세월을 보내야 한다.

우리 내면에도 열정이 없으면 마음은 차갑고 어두울 수밖에 없다. 그러면 당연히 부정적인 생각과 감정만이 자라나고 잠재력과 창의성은 찾아보기 어려운 상태가 되고 만다. 반대로 열정이 있을 때 우리는 뜨거운 마음으로 진취적이고 모험적인 인생을 살아갈 수 있다.

여름은 가을에 거둘 수확을 위해 때로는 폭풍우와 끔찍한 가뭄도 견뎌내며 분투하는 계절이기도 하다. 열정 역시 원하는 바를 쟁취하기 위해 온갖 어려움을 헤쳐나가는 자세를 의미한다.

열정을 갖기 위해 전제되어야 할 것이 있다. 바로 열망과 야망이다. 물론 재능과 지식과 기회도 필요하다. 하지만 가장 먼저 원하는 바를 집요할 만큼 철저하게 추구하는 마음과 그에 상응하는 노력이 우선이다.

열정은 전부를 내어주고 전부를 요구하면서 끝없이 세상을 창조하는 동시에 파괴하는 힘이라는 의미의 글을 본 적도 있다. 다시 말해 삶에 관해, 일에 관해, 인간에 관해 나의 전부를 요구하는 것, 그것이 바로 열정이다.

나는 마음의 갈증이나 허기로 열정을 잃어버린 사람들을 임상에서 자주 만난다. 그들은 일상의 무기력과 우울감을 털어놓으며 아무래도 스트레스가 너무 심한 것 같다고, 해결 방법이 없느냐고 묻는다. 심리검사를 해보면 스트레스 상황임은 분명하다. 그런데 원인을 보면 대부분 일이나 인간관계에 대한 내면의 열정이 사라졌기 때문이었다. 그로 인해 허기에 시달리다 보니 스트레스를 견디지 못하는 악순환으로 이어졌던 것이다.

우리 내면의 열정을 고갈시키는 세 가지 요인이 있다.

첫 번째는 부족한 자신감이다. 자신감이란 자기 신뢰에서 비롯한다. 자신을 믿지 못한다면 인생에서 겪을 손실이 얼마나 크겠는가. 그 무엇에도 마음을 열지 못하고 열정을 기울이지 못한다면 그보다 더 큰 손실도 없을 것이다.

두 번째는 지나친 기대치다. 무슨 일이든 기대치가 과하게 높다 보면 불안감도 비례해서 커지기 마련이다. 불안감 탓에 집중력과 능률이 떨어지는 경험을 해보지 않은 사람은 아마 없으리라. 그러면 열정의 불길이 사라지는 것은 시간문제가 되고 만다.

세 번째는 자신감 부족과 높은 기대치로 인한 불안이

합쳐지는 경우다. 불안감은 자율성에 문제를 일으켜서, 타인이 내 인생을 조종하게 두면서 그런 자신을 혐오하는 상태로 일상을 살게 되는 결과로 이어지기도 한다. 그러면 당연히 열정은 생각해 볼 수도 없다.

이런 상황을 개선하기 위해서는 해야 할 일이 있다.

첫 번째는 자신이 얼마나 멀리 갈 수 있는지 끝까지 상상하는 힘이 필요하다. 그것이 열망이고 야망이다. 열망과 야망이 있어야 우리는 인생과 일과 사람을 뜨겁게 껴안고 살아갈 수 있다.

두 번째로는 지금의 자리에 머무르고 싶은 유혹에 빠지지 않아야 한다. 그 유혹이야말로 열정을 가로막는 가장 큰 요인이다. 눈앞에 놓인 일이 헤쳐나가기 어려우면 주저앉고 싶은 것이 사람 마음이지만 주저앉는 순간 열정은 손에서 빠져나가게 되어 있다.

세 번째는 나의 열정을 타오르게 할 연료가 무엇인지 명확히 알기다. 매일 아침 하는 명상이든 새로운 일에 대한 모험이든 내게 필요한 것을 알아내서 연료를 만들어내는 그 일에 일정 시간을 투자해야 한다.

네 번째로는 열정을 습관으로 만들어가는 자세가 필요하다. 정말 간절히 원하는 바가 있다면 열정을 무의식에 새겨 넣는 자세를 갖춰야 한다는 말이 있다. 그것을 삶의 습관으로 만들어갈 수 있어야 한다. 스티븐 킹은 열정을 두고 이렇게 말했다.

"신은 창조의 행위와 능력을 기꺼워하시고 도와주신다. 창조를 원한다면 피상에 머무르는 불경을 저지르지 말라. 아무리 고통스럽다 해도 끝끝내 심연을 파고들어 진정한 보물을 캐내라."

2

관심

세상에 다가가고
마음을 연다는 것

어린 시절 이원수 선생의 동화 《이상한 안경과 단추》를 인상 깊게 읽었다.

주인공은 우연히 만난 만물 장수로부터 타인의 마음을 들여다보는 안경을 산다. 하지만 곧 크게 실망하고 만다. 그가 만난 사람들의 마음속에는 겉모습과 달리 시기심, 질투심, 이기심만이 가득했기 때문이다. 심지어 믿었던 여자친구마저 속으로는 다른 남자를 생각하고 있었다.

낙담한 그가 안경을 돌려주자 만물 장수가 이번에는 자신의 마음을 다른 사람에게 보여주는 단추를 사라고 한다. 용기를 내서 단추를 산 주인공은 '이번에는 내 마음을 있는 그대로 보여주고 있는 그대로의 나를 받아주는 사람을 찾자'고 결심한다.

정말 그런 안경이나 단추가 있다면 어떨까? 아마 지금보다 인간관계가 더 힘들어질 것이다. 투명하게 들여다보이는 마음끼리 더 자주 충돌을 일으킬 테니까. 다행히 현실에서는 그런 일이 없다. 대신 우리는 인간관계에서 자주 소통의 부재를 겪는다. 그래서 '관심'이 필요하다. 관심이 없다면 우리는 죽은 나무나 다름없는 존재다. 관심은 타인의 마음을 여는 데 가장 중요한 요소 중 하나다.

영화감독 존 휴스턴은 인생에서 가장 중요하다고 생각하는 단어를 하나만 말하라는 질문에 이렇게 답했다.

"관심, 관심입니다. 삶이 우리를 위해 준비해 놓은 모든 것들에 관심을 가지는 일입니다."

이 대답은 내게 위안과 공감을 동시에 불러일으켰다. 스스로에 관해서, 타인에 관해서, 일과 인생에 관해서, 나아가 세상에 이르기까지 우리가 모든 것에 관심을 기울이지 않는다면 대체 우리 삶을 이루는 형체는 뭘까 하는 생각마저 들었다. 아마 일상은 사막처럼 무미건조해지고 인간관계는 모래알처럼 흩어지지 않을까?

우리는 누군가에게 호감을 느끼면 저절로 관심을 가

진다. 마음을 기울여 그가 어떤 사람인지 알려고 한다. 그렇게 마음이 오래 머물고 또 내 마음에도 그가 머물 자리를 마련해 나가다 보면 마침내 사랑이 피어난다. 그 대상이 부모님이든 연인이든 친구든 자식이든 내 마음에 머물 자리를 마련해 줄 때 그는 비로소 내게 소중한 존재가 된다.

아무리 깊었던 우물도 오랫동안 사용하지 않으면 한순간에 말라버린다고 한다. 지하의 가느다란 수맥들이 여기저기서 한데로 모여 물길을 이루는데, 사용하지 않고 오랜 세월 버려두면 수맥들이 막히고 마는 것이다. 친한 친구도 오랫동안 연락 없이 지내다 보면 예전의 감정이 사라지고 없을 때가 있다. 관심이 떠나면 친밀함도 사라진다.

관심도 수맥과 같다. 우물에 자꾸 두레박을 드리우듯 끝없이 관심을 기울일 때 친밀함도 솟아난다. "친밀함이란 땅을 적시는 비와 같다"는 문장을 어디선가 읽은 기억이 난다. 비가 내리면 땅은 자신을 내맡기고 그 생명력을 흡수한다. 그러면 대기는 상쾌해지고 식물들은 싱그러움을 한결 더한다. 인간관계도 그와 같아서 서로 관심을 기울이고 친밀함을 주고받을 때야 비로소 생생한 생명력을 갖는다.

하다못해 길가의 풀 한 포기도 내가 먼저 마음을 열고 바라보면 의미 있는 존재가 된다. 사람도 마찬가지다. 내가 먼저 마음을 열고 다가가면 이제까지 보이지 않았던 면이 보이고 보이지 않았던 관계가 보인다. 그리고 그 자리에 친밀함이 자라난다.

자신과의 관계도 다르지 않다. 일단 자신에게 마음을 열어야 진짜 내 모습을 직면할 수 있다. 그렇지 않으면 인생에 무엇이 준비되어 있는지조차 알 수 없게 된다. 마음을 열면 최소한 지금보다는 훨씬 더 많은 것에 관해 전혀 다른 시각을 가질 수 있다.

나는 무심의 순간에 이따금 그런 일을 경험하곤 한다. 어느 날 출근길에 운전을 하고 가는데 문득 문장 하나가 머릿속에 뚜렷이 떠올랐다.

"인간은 하나의 우주다. 우주를 사랑하듯이 나를 사랑하자!"

밑도 끝도 없이 그 문장이 나를 사로잡았다. 머릿속이 깨달음으로 환해지는 순간이었다. 단 몇 초였지만 완전히 새로운 나와 마주한 느낌이었다. 긴 산책 끝에 삶의 군더더기로부터 완전히 해방된 나, 독립적이고 진실에 가까운 나와 만난 적도 있다. 그 순간 나는 말 그대로 영혼의 고양과 정신의 자유로움을 느꼈다.

이 말들이 얼마나 상투적으로 들릴지 안다. 나 역시도 비슷한 말을 들으면 멀미부터 났으니까. 하지만 그때의 감정은 다른 말로 표현이 안 됐다. 비슷한 경험을 해본 사람이라면 내 말의 의미를 이해하리라. 때때로 그토록 명징한 깨달음의 순간이 있기에 삶에서 힘을 얻고는 한다는 것도.

물론 마음을 여는 과정이 쉽지는 않다. 우리 마음속을 떠다니는 부정적이고 어두운 생각 탓이다. 외모가 잘났든 못났든, 재능이 있든 없든, 사회적 지위가 높든 낮든, 돈이 많든 적든 이 모든 조건은 우리의 마음과 별 상관이 없다. 마음이 건강하지 못하면 그 무엇도 쓸모가 없다. 그 무시무시한 진실 앞에서 나는 수백 수천 번도 더 우리의 마음을 제대로 알고 다스리는 일이 얼마나 중요한지를 절감한다.

때때로 그 진실을 외면할 수도 있다. 내 마음 자체를 아예 들여다보지 않으면 된다. 철판을 덧대듯 마음을 외면하는 일이 아주 불가능하지는 않다. 그러나 완벽한 봉쇄 역시 가능하지 않다. 너무도 느닷없이, 마음의 빈틈이 마치 블랙홀처럼 내 의식을 빨아들이는 순간이 반드시 오고야 만다.

그 순간이 닥치면 누구도 저항할 수 없다. 그 황폐함에 타격을 받지 않는 사람도 없다. 그런 일격을 피하려면 방법은 하나밖에 없다. 평소에 마음을 들여다보면서 어떤 군더더기가 있는지 살피고 그것을 없애기 위해 노력해야 한다. 그 첫걸음이 바로 마음을 열고 세상에 관심을 기울이는 것이다.

세상에 쉬운 인생은 없다. 인생에 우리가 마음을 열고 있는지가 중요하다. 마음을 열면 어려움도 인생의 과정 중 하나로 생각하고 좀 더 유연하게 받아들일 수 있다.

타인에게 관심을 기울이고
마음을 여는 레시피

1   인간관계의 시작은 관심임을 기억한다.

2   관심이라는 우물이 마르지 않도록 자주 퍼올린다.

3   마음을 열 때 세상은 비로소 의미를 갖는다는 사실을 명심한다.

4   늘 마음을 들여다보고 어떤 군더더기가 있는지 살핀다. 관심과 간섭은 다르다.

5   고난을 극복하는 과정에서도 마음을 여는 태도가 필요함을 잊지 않는다.

3

도전

자신을 뛰어넘는 사람만이
성취를 이룬다

한 사람이 긴 여행에 지쳐 기차 안에서 곤히 잠이 들었다. 그런데 10분쯤 지나 갑자기 벌떡 일어나 소리쳤다.

"하마터면 수면제를 먹지 않고 잘 뻔했잖아!"

그러고는 얼른 약을 삼킨 뒤 다시 잠이 들었다나.

습관이 얼마나 끈질긴지 비꼬는 유머지만 나는 내심 이 얘기에 허를 찔렸다. 사소한 습관으로 낭패를 보면서도 고치지 못할 때가 많은 탓이다. 나의 나쁜 습관 중에는 무슨 일이든 뒤로 미루는 버릇도 있다. 나 같은 사람은 늘 부르짖는다.

"내일부터는 꼭 할 거야!"

그 내일이 다시 내일의 내일이 되고, 끝없이 내일이 이어지다가 마침내 마감일에 이른다. 그렇게 시간이 없어서 허둥거리게 되는 결과가 이 나쁜 습관의 가장 큰 함정이다. 경험해 본 사람은 알겠지만, 그 후에 이어지는 죄책감도 무시무시하다. 더 큰 문제는 그런 함정에 계속 빠져 있으면 '재능은 있으나 성공하지 못한 사람'이 되기 쉽다는 사실이다.

미국의 영화감독이자 작가 줄리아 캐머런의 책에 이런 요지의 이야기가 나온다.

피아노를 배우고 싶은 누군가가 자신의 나이가 너무 많다며 "내가 피아노를 잘 칠 때쯤이면 몇 살이 되는지 아느냐"고 한탄하자 그가 답한다.

"하지만 피아노를 배우지 않아도 나이를 먹는 건 마찬가지예요."

그러고는 "그 일을 하기에는 나이가 너무 많아"와 "그 일을 할 만한 돈이 없어"는 우리의 창조성 발굴을 막는 지상 최대의 두 거짓말이라고 덧붙인다.

우리가 그런 거짓말로 자신을 속이는 이유는 실패에 대한 두려움과 관련이 깊다. 그 일을 제대로 해내지 못할지도 모른다는 두려움이 어떤 일에도 도전하지 못하도록 자신을 몰아가는 것이다.

  재능도 있고 그것을 발휘할 역량도 있는데 이상하게 불우한 인생을 살아가는 사람들을 보면 대개 도전의 과정에서 어려움을 겪는다. 그에 해당하는 사례를 본 적 있다.

  웨딩드레스만을 전문적으로 만드는 작은 공장에서 일하는 여성이 있었다. 그에게는 탁월한 감각이 있었다. 작은 레이스 하나, 모조 진주 하나를 달아도 그가 손을 대면 느낌이 확 달라졌다. 그 능력을 알아보고 좋은 조건에 함께 일하자는 사람도 꽤 있었다. 도전하기만 하면 몇 단계나 인생의 도약을 이룰 기회가 여럿 있었다. 하지만 그는 그 기회를 모두 거부했다. 실패를 상상하면 두려움이 앞섰기 때문이다. 만에 하나 성공하더라도 그 성공을 제대로 받아들이고 지킬 수 있을지도 자신이 없었다.

  이 사례와 비슷한 처지에 놓인 사람들은 대개 자신의 상태를 개선해 보려는 도전 의식이나 의지마저 잃어버린 경우가 많다. 안타깝게 여긴 주변 사람들이 기회를 만들어 주어도 도망칠 궁리만 한다. 일상이든, 직업이든, 결혼이든 결국 인생에서 주어지는 도전의 기회를 선택하는 주체는 나 자신이다. 그리고 그 성공 여부에 따라 삶은 달라진다.

앞선 이야기처럼 뭔가에 도전하지 않아도 시간은 가고 나이를 먹는다. 다만 그렇게 시간을 흘려보내면 인생에서 원하는 성취를 이루지 못할 뿐이다. 그런 사람은 인생의 터닝 포인트 앞에서도 망설이다가 기회를 놓치곤 한다.

"우물쭈물하다가 이렇게 끝날 줄 알았지."

극작가 조지 버나드 쇼가 생전에 써놓은 묘비명이다. 노벨문학상도 받고, 90세가 넘도록 열정적으로 산 인물임을 생각하면 이 묘비명은 역설에 가깝다. 그러나 만약 인생이 정말 그렇다면 누구에게나 잔인한 일이다. 도전하고 행동하지 않으면 무엇도 내 것으로 만들 수 없기 때문이다.

언젠가 우연히 읽기 시작한 소설에 푹 빠졌던 적이 있다. 문체도 힘차고 전개도 빠르고 내용도 생기 넘치는, 색다르고 재미있는 책이었다. 놀랍게도 그 책은 프랑스 여성 작가가 70세의 나이에 쓴 첫 작품이었다. 작가는 평생을 국방성에서 일하다가 노년이 되어서야 비로소 작가의 길로 들어섰다고 한다. 그는 이 나이에 무슨 글을 쓰겠냐고 체념하는 대신 도전했고, 원하는 성취를 이루었다.

올해 92세를 맞은 분을 가까이서 뵐 일이 있었다는 친구에게서 들은 이야기도 흥미로웠다. 그 어른은 은퇴하기 전까지 대단히 유명하고 훌륭한 의사였으나 이제는 간간이 짧게 글을 쓰는 일 외에는 활동을 거의 하지 않고 있었다. 건강도 그다지 좋지 않았다. 그런데도 친구는 진정으로 어른에게서 느껴지는 특유의 경외감에 깊이 감동했다. 정작 그 어른은 한탄을 섞어 이런 말씀을 들려주었다.

"내가 65세에 은퇴하고 나서 자그마치 30년 가까이 더 살고 있네. 그때는 내가 이렇게 오래 살게 되리라고는 짐작하지 못했어. 그래서 은퇴 후를 전혀 대비해 놓지 않았지. 결국 지난 30년을 그냥 허비한 기분일세. 훗날 나처럼 회한을 느끼지 않으려면 노년에도 도전하고 힘을 기울일 수 있는 일을 반드시 찾아두게."

진심 어린 그 조언에 친구는 새삼 인생의 전환점에서 어떤 선택과 도전을 해야 하는지 깊은 생각을 하게 되었노라고 털어놓았다.

언젠가 임상에서 만난 기업의 고위 임원도 흥미로운 이야기를 들려주었다. 그는 요즘 '자신을 뛰어넘으라'는 문장 때문에 깊은 생각에 빠지게 되었다고 했다. 실제로 열정과 도전 정신으로 가득했던 그는 자신은 물론이고 회사에도 큰 성공을 안겨주었다. 그런 사람이 새삼 자신을 뛰어넘기 위해 숙고하다니, 정말 대단한 도전 의식이라고 하지 않을 수 없었다.

그는 자신을 쉽게 무너뜨리는 허약한 고리에 관해서도 이야기했다. 스스로를 뛰어넘는 도전은 그 허약한 고리를 강하게 만들기 위해 꼭 필요한 과정 중 하나인 것 같다는 말을 덧붙이면서.

지금의 도전이 어떤 위험을 초래한다고 해서 멈추어서는 안 된다. 도전의 경험은 곧 망설이지 않고 인생의 기회를 받아들이면서 살아감을 뜻한다. 그 과정을 거치고 나면 인생에서 크나큰 도약을 이룬 자신을 발견할 수 있으리라. 그것이야말로 진정한 자긍심이다.

4

몰입

창조성을 만드는 큰 물줄기

"내가 성공할 수 있었던 것은 맹렬히 몰입했기 때문이다." 코코 샤넬의 말이다. 이처럼 몰입은 성공과 창조성에서 가장 중요한 요소다.

봄이 생명력과 성장의 계절이라면 여름은 몰입과 집중의 계절이다. 무더위와 비의 습격 혹은 타는 듯한 가뭄으로 제정신으로 있기 힘든 계절에 무슨 집중이니 몰입 타령인가 싶을 것이다. 하지만 내 경험으로 미루어 보면 주변 환경이 힘들수록 무엇이든 하나에 마음을 기울이고 집중하는 상태가 더 도움이 된다. 실제로 몰입에 관해 독보적인 책을 쓴 미하이 칙센트미하이는 '해내기 어려운 난도 높은 일일수록 더 집중하고 매진하게 된다'는 요지의 글을 남겼다.

게다가 여름은 덥기만 한 계절이 아니다. 개방과 자유로움도 여름의 특징이다. 개방과 자유로움 속에서 내가 원하는 일이나 생각에 집중하고 몰입하는 것보다 더 좋은 일이 어디 있겠는가. 그렇게 무언가에 몰두하다 보면 전에는 생각도 하지 못했던 아이디어가 떠올라 창조성에 물줄기가 되어주기도 한다. 그 순간 누리는 성취의 기쁨을 위해서도 몰입의 시간은 필요하다.

언젠가 내가 경영과 심리학을 연결해 리더십 모델을 제안하는 책을 쓰기로 했을 때의 일이다. 전체적인 틀을 정하긴 했으나 세부적인 아이디어가 도무지 떠오르지 않았다. 경험해 본 사람은 알 것이다. 그런 순간의 난망함이 어느 정도인지. 나 역시 엄청난 스트레스로 하루하루를 보냈다. 물론 그런다고 창의적인 아이디어가 떠오르지는 않았다.

그러던 중 긴 산책을 하기 시작했다. 걷고 또 걸으면서 오직 내가 쓰고자 하는 이야기에만 집중했다. 머릿속으로 목차를 만들었다가 지우고 다시 만들고, 어떤 내용을 담을지 고심하면서 걷기를 멈추지 않았다. 먼 곳까지 갈 수는 없으니 어느 때는 같은 코스를 몇 번이고 돌면서 오로지 써야 할 책에만 몰두했다. 지금 돌아봐도 다소 미친 듯한 몰입이요 집중이었다는 생각이 들 정도다.

그러던 어느 날 드디어 제대로 된 아이디어가 떠올랐고 나는 책을 마무리할 수 있었다. 그 경험은 지금도 내게 귀중한 자산이 되어주고 있다. 그 무렵 지인이 소개해 준 마루야마 겐지의 책 《물의 가족》(김춘미 옮김, 사과나무)을 읽다가 이런 구절을 발견했다.

"쓰기 위해 먹고 쓰기 위해 자고 쓰기 위해 살고, 다행히 시작할 때의 기백이 유지되고 컨디션도 무너지지 않고 3백하고 15장의 원고지를 들고 정신 차려보니, 난 여름의 치장을 한 북알프스 앞에 얼이 빠져 서 있었다."

물론 나는 전업 작가가 아니니 마루야마 겐지처럼 집필에만 몰두할 수는 없었다. 그래도 이 구절을 읽으면서 조금이나마 작가의 마음을 이해할 수 있었다. 주역을 공부하면서도 비슷한 경험을 했다. '주역을 공부하면 계절이 가는 것을 모른다'는 어느 학자의 말에 백 퍼센트 공감했던 순간이 내게도 있었다.

그런데 이런 몰입을 방해하는 장애물이 있다. 바로 우리 마음속에 쌓여 있는 일종의 감정 찌꺼기(?)다. 마음을 어지럽히는 감정들이 쌓여 있는 한 누구라도 현재에 집중하기 어렵다. 대표적인 찌꺼기 감정들 몇 가지를 소개해 보겠다.

첫 번째는 분노와 공격성이다. 무시당하고 이용당했다는 생각이 들거나, 일이 원하는 대로 안 풀리거나, 자신의 정당성이 의심받는다고 생각되면 우리는 분노한다. 과거 일에 대한 원망과 억울함도 분노의 불씨가 된다. 그 불씨를 조절하지 못하면 여러 형태로 공격성을 드러내는 결과가 이어진다.

두 번째는 슬픔과 우울이다. 우리는 잃어버려서는 안 되는 것을 상실했을 때 가장 큰 슬픔을 느낀다. 나의 무가치함, 그로 인해 버림받을지도 모른다는 생각 등은 우울의 원인이 된다. 그런 생각에 계속 압도당하다 보면 우울감을 피할 수 없게 된다.

세 번째로는 수치심과 죄책감이 있다. 이 두 감정은 나란히 연결되어 있다. 수치심은 사랑하는 사람이 나를 공격하거나 배척할 때, 내가 가진 것에 창피함을 느낄 때, 타인의 기대에 부응하지 못한다고 느낄 때 특히 자주 생겨난다. 자신의 행동이나 생각이 바보스럽고 멍청하게 느껴질 때, 타인과 비교해 자신이 실패자인 듯한 기분이

들 때도 수치심은 나를 옭아맨다. 거기서 생겨나는 죄책감도 우리를 쉽게 놓아주지 않는다.

두려움과 불안도 빼놓을 수 없다. 어떤 면에서 두려움과 불안은 가장 압도적으로 우리를 힘들게 하는 감정이다. 한번 생겨나면 억누른다고 쉽게 사라지지도 않는다. 혹은 사라지는 대신 다른 형태로 존재감을 드러낸다. 가장 흔한 증상으로는 피로감, 집중력 저하, 수면 장애, 근육 긴장 등이 있다.

불안감 자체가 꼭 나쁘지만은 않다. 활시위를 잡아당기지 않으면 화살이 날아갈 수 없는 것처럼, 불안을 느끼지 못하면 사람은 뭔가를 시도하지 않는 인생만을 살지도 모른다. 모험가는 이런 반동 형성을 통해 불안을 극복함으로써 삶의 희열을 느끼는 사람이라고 할 수 있다.

문제는 우리가 일상에서 거의 매 순간 불안과 싸워야 한다는 것이다. 그래서 아예 그런 감정 자체를 억누르고 회피하는 사람도 많다. 책임감이 클수록 불안이 커지는 것은 당연하다. 심지어 그 불안을 억눌러야 한다면 그 스트레스도 만만치 않다. 불안감을 완전히 이겨낼 방법은 없지만 어느 정도 다스릴 방법은 있다. 바로 현재에 집중하는 힘을 기르는 것이다. 그 힘이 얼마나 중요한지를 두고 파울로 코엘료는 소설 《포르토벨로의 마녀》에 "당신이 지금 이 순간에 집중하고 있다면 그 모든 일이 다 경배"라고 썼다.

정신의학에서도 현재 이 시점에 얼마나 충실한지를 기준으로 정신적 건강 상태를 판단하고는 한다. 현재에 충실한 사람은 과거에 집착하지 않고 미래에 대해서도 불안해하지 않기 때문이다. 과거에 잘했던 일 혹은 실수나 실패에만 집착하면 우리는 현재에 집중할 수 없다. 미래에 대한 불필요한 걱정도 마찬가지다.

나는 현재에 집중하고 몰입하는 태도를 아이스크림 먹는 일에 비유하곤 한다. 아이스크림을 먹을 때 우리는 두말할 필요 없이 집중해야 한다. 아이스크림이라는 건 어떻게 먹을까 망설이거나, 다른 사람과 비교하거나, '지난번 게 맛있었는데 그걸로 살걸' 하고 후회하는 동안에도 계속해서 녹아내리기 때문이다.

아이스크림쯤이야 녹아 없어져도 그다지 큰일이 아니지만 그렇게 사라지는 것이 나의 잠재력과 에너지라면 이야기가 다르다. 두 소중한 자원의 고갈은 곧바로 인생 전체의 크나큰 손실로 이어지기 때문이다.

미국 작가 에인 랜드는 이렇게 말했다.

"지금의 순간을 즐기는 것, 이 능력이 있는 한 나는 앞으로 나갈 수 있는 연료를 가지고 있다."

이 연료를 가지면 우리도 언제든 앞으로 나아갈 수 있다. 이것이 집중과 몰입이 가져다주는 힘이요 즐거움이다.

집중과 몰입의 힘을 키우는 레시피

1 힘들수록 하나에 집중하는 쪽이 도움이 된다는 사실을 인지한다.

2 아이디어를 얻기 위해서라도 자주 몰입을 경험하려고 노력한다.

3 나의 몰입을 방해하는 감정의 노폐물이 무엇인지 살핀다.

4 '현재에 집중하는 것이 곧 경배'라는 말을 실천한다.

5 아이스크림은 녹기 전에 먹어야 한다는 사실을 기억한다.

5

잠재력

나만의 고유한 특성을
완성해 가기

대단히 뛰어난 두뇌와 잠재력을 지닌 남자가 있었다. 자기가 일하는 분야에서 약간의 성공도 거두고 있었다. 문제는 다른 데 있었다. 그의 두뇌와 잠재력이면 지금보다 적어도 몇 배는 더 성취를 이루었어야 마땅했던 것이다.

그 사실을 알고 있는 주변 사람들은 그에게 안타까움을 내비치곤 했다. 그도 자신의 잠재력을 모르지 않았다. 다만 그 잠재력을 제대로 발휘하는 것은 또 다른 문제였다. 그는 자신이 재능과 잠재력을 허비하고 있다는 데 자주 열패감을 느꼈다. 불안에서 기인한 열패감이었다. 내면의 불안이 커질수록 무력감도 함께 커지고 있었던 것이다. 누군가에게 가벼운 충고라도 듣는 날에는 아예 손에서 일을 놓아버렸다. 그러잖아도 불안감으로 아무것도 하고 싶지 않은 상태였기 때문이다.

그는 여러 분야에서 뛰어난 재능과 잠재력을 지니고 있었다. 그러나 한번 좌절과 우울의 나락에 들어서니 자신처럼 형편없고 무능한 인간이 세상에 또 있을까 싶은 끝없는 자기연민에 빠지는 건 순식간이었다. 그런 다음에는 발작이라도 일어나듯 불안감이 엄습했다. 결국 아무 일도 하지 못하는 악순환의 날들이 지나갔다. 할 수만 있다면 이 상황에서 벗어나고 싶었다.

그의 문제는 일차적으로 자신을 믿지 못하는 데서 비롯했다. 자신의 정체성에 대해서도 확고한 이미지가 없었다. 자신이 어떤 사람인지, 어떤 장점과 잠재력을 소유하고 있는지, 그것을 발휘하려면 어떻게 해야 하는지 제대로 알지 못했다.

'비사용성 위축'이라는 의학 용어가 있다. 예를 들어 다리를 다쳐 깁스를 하면 그 다리의 근육은 눈에 띄게 위축되고 퇴화한다. 사람들은 깁스만 풀면 예전처럼 걸을 수 있으리라고 생각하지만, 다시 걷고 뛰려면 깁스를 하는 동안 사용하지 않았던 근육들을 다시 발달시켜야 한다.

잠재력을 발휘하지 않고 파묻어 두는 일 역시 다르지 않다. 불안감과 무기력이 마음에 깁스를 유발한 상황이라고 보면 된다. "세상에서 가장 큰 범죄는 자신의 잠재력을 개발하지 않는 것이다"라는 말이 있다. 범죄까지는 아니겠지만 잠재력도 결국 사용하지 않으면 위축되고 퇴화한다. 이는 분명한 사실이다.

잠재력을 발휘하지 못하는 가장 큰 이유로는 완벽주의 성향이 있다. 오랜 시간 임상에 있으면서 느낀 바가 있다. 우리 내면에는 완벽한 인간이고자 하는 욕망이 너무도 크게 자리 잡고 있다. 현실적으로 그렇게 완벽한 사람은 존재하지 않는다. 그런데도 완벽주의 성향이 심한 사람은 때로 찾아오는 슬럼프나 자신의 결점을 잘 견디지 못한다. 그들이 누구보다 열등감과 불안에 시달리는 이유도 그 때문이다.

스스로 완벽을 바라고 추구하는 가장 큰 이유는 사랑받고 인정받는 사람이 되기 위해서다. 그런 존재가 되지 못할지도 모른다고 생각하면 불안한 것이 당연하다. 한 번 그런 불안감에 사로잡히면 세상 모든 일이 두렵기만 하다. 그렇게 두려움이 자신을 조종하도록 내버려 둠으로써 잠재력을 낭비하고 인생의 기회들을 놓치고 만다.

한편 과거의 경험도 때로는 잠재력을 발휘하는 데 방해 요소가 되고는 한다. 인생에 이미 결정된 배경들, 이를테면 집안이나 부모, 외모 등 날 때부터 주어진 것들의 함정에 빠지지 말라는 말이 있다. 과거를 돌아보느라 현재의 시간을 허비하지 말라는 뜻이다.

과거의 경험에만 갇혀 있으면 대개는 그 자리에서 꼼짝하지 못하게 된다. 나는 임상에서 과거의 여러 상처, 특히 어린 시절 성장 과정에서 얻은 상처로 괴로워하는 사람들을 자주 만난다. 현재 상황이 어떻든 그들은 과거의 그림자에서 벗어나지 못한다. 오로지 후회와 원망만이 그들의 삶을 지배하고, 앞으로 나아가는 것을 방해한다. 누군가의 말처럼 후회란 사건이 일어난 다음에 생겨나는 감정이다. 누구에게나 기억하고 싶지 않은 경험이 있다. 그 경험을 내 인생의 밑거름으로 삼을지, 아니면 좌절과 원망의 빌미로 삼을지는 나의 선택에 달려 있다. 후자 같은 집착은 무엇보다 잠재력을 못 쓰게 만든다는 점에서 선택에서 제외해야 마땅하다.

완벽주의 때문이든 과거의 경험 때문이든 인생이 시험에 들면 백일몽을 꾸는 사람도 있다. 가만히 있어도 마법이 일어나 로또에 당첨되거나 아니면 "당신을 구해줄 테니 소원을 말해보라"고 말하는 요정이라도 나타나기를 바라는 것이다.

정말 인생에 그런 요정이 나타난다면 어떨지 상상해 보자. 대신 요즘은 요정도 재정이 빠듯해 한 가지 소원밖에 들어줄 수 없다고 한다면? 나라면 무엇보다 인생에서 마음을 열고 나의 잠재력을 온전히 발휘할 수 있기를 바란다.

그러기 위해서는 자기 내면을 돌아보는 성찰의 시간을 가져야 한다. 와인 클래스에 가보면 와인에 대한 감각을 키우는 방법을 가장 먼저 배운다. 와인 향을 구별하기 위해 여러 자연 향을 맡아보고 그 냄새를 구분해 내는 훈련을 한다. 그런 다음 와인을 향과 맛으로 표현하는 연습을 한다. 점차 처음에는 그 맛이 그 맛 같던 와인이 각기 다름을 알 수 있는 경지에 이르게 된다.

마음도 다를 바 없다. 자꾸 들여다보고 거기에 무엇이 있는지 생각하고 느끼는 연습을 해야 달라진다. 마음도 몸의 감각처럼 훈련을 통해 어느 정도는 원하는 대로 이끌어갈 수 있다. 바로 그 순간부터 나의 잠재력과 창의성이 온전히 발휘된다. 그때부터는 나만의 고유한 모습을 완성해 나갈 수 있다.

내 인생이 오리지널이 될지 아니면 모방에 그치고 말지도 잠재력의 발휘 여부에 달려 있다. 누구나 스타일이 있다. 작가도 자신만의 문체가 있고 가수도 자신만의 창법이 있다. 우리는 모두 독창적인 스타일을 가지고 있다. 그 스타일을 완성해 주는 것이 바로 내 안의 고유한 잠재력이다.

한 철학 교수가 '진짜 작가는 자기 글의 애독자가 돼야 한다'는 말을 했다. 나는 그 말을 '자신을 믿고 사랑할 줄 알아야 한다'는 의미로 받아들였다. 스스로를 믿고 사랑할 때 우리는 고유한 잠재력을 발휘하며 독창적인 삶을 살아갈 수 있다.

6

변화

습관의 변화가
운명의 변화를 가져온다

플라나리아도 계속되는 학습은 거부한다는 말이 있다. 어느 순간 지루함을 견디지 못하면 그대로 죽는 쪽을 택한다는 것이다. 검증된 사실인지는 알 수 없으나, 변화의 필요성에 관한 한 꼭 들어맞는 이야기다. 한갓 플라나리아도 그런데 인간은 어떠랴. 변화에 대해서는 파울로 코엘료가 적절한 문장을 남겼다.

"사람들은 모든 것을 바꾸기를 원한다. 하지만 동시에 모든 것이 지속되기를 바란다."

코엘료는 이런 말도 했다.

"전혀 예상치 못했던 순간에 삶은 우리를 난관에 봉착

시켜 우리의 용기와 변화의 의지를 시험한다. 그럴 때 아무 일도 일어나지 않은 척하거나 아직 준비되어 있지 않다는 핑계를 대며 슬그머니 달아나는 것은 어리석은 짓이다."

하지만 나를 포함해 많은 사람이 어리석은 짓을 선택하고는 한다. 봉변을 자초하는 것이다. 그보다 더 심한 타입도 있다. 변화에 대한 거부를 넘어 오로지 나는 왜 이렇게 불운한가 하면서 인생을 한탄과 불평으로 낭비하는 사람들이 여기에 속한다. 그런 한탄과 불평이 어느 순간부터 강하고 촘촘한 그물이 되면 누구라도 빠져나올 수 없다.

원망을 키워가는 사람도 많다. 좋은 집안 혹은 좋은 부모 밑에서 태어나지 못한 원망, 좋은 기회가 주어지지 않는 데 대한 원망, 잘난 외모와 명석한 두뇌를 타고나지 못한 원망, 남들이 자신을 제대로 알아주지 않는다는 원망 등, 원망이란 한번 시작하면 도무지 끝이 안 나는 법이다. 거기다 대부분 열등감과 신경증의 원인이 된다. 원망을 자기 합리화의 핑계로 삼는 사람들도 있다.

어느 날 한 기업 임원이 나를 찾아왔다. 세상과 사람들에 대한 분노 때문이었다. 그는 자신의 학벌과 역량에 자부심이 컸다. 그런데 승진에서 탈락하는 일이 벌어졌고 그는 회사에 사표를 냈다. 다른 회사에 취직했으나 역시 마음에 들지 않았다. 회사에서도 오만한 그를 좋아하지 않았다. 늘 화를 내거나 아니면 끝도 없이 침울한 상태로 지내다 보니 친구도 가족도 그를 외면하기 시작했다.

상담을 진행하면서 그는 자신이 열등감으로 감정 조절에 어려움을 겪고 있다는 사실을 이해했다. 상담이 끝났을 때 그는 이렇게 말했다.

"요즘은 하루하루가 즐겁습니다. 물론 과거에 비하면 지금 하는 일은 하찮지요. 처음에는 그것을 못 견뎌서 어지간히 저를 괴롭혔습니다. 그때는 작은 일을 열심히 하는 것이 이렇게 즐거운 줄 몰랐어요. 사실 그동안 저는 능력은 있으나 인간성은 좀 부족하다는 평가를 받았습니다. 그게 무슨 뜻인지 알 만큼 제가 변화했다는 사실에 오히려 자부심이 듭니다. 변화를 통해 자신을 다스리고 남에게 도움을 줄 수 있어서 감사할 뿐입니다."

그는 힘든 과정을 통해 자신을 변화시키는 데 성공한 사례라고 할 수 있다.

그렇지 못한 경우도 있다. 잦은 분노 발작으로 괴로워하는 여성의 사례를 보자. 분노 조절이 어렵다 보니 그는 주변 사람들에게 자주 공격적인 모습을 보였다. 그런 사람을 좋아할 상대는 없으니 인간관계는 꼬여만 갔다. 그는 사실 모든 사람에게 인정받고 사랑받고 싶은 욕망이 매우 컸다. 그러나 자신은 애초에 그런 존재가 아니라는 생각 역시 마음속에 지나치게 굳건히 자리하고 있었다.

그의 표현대로라면 운이 좋아서 좋은 남자를 만나 결혼도 했다. 하지만 남편에게도 잦은 히스테리를 일으키며 먼저 불화를 조장했다. 상담 과정에서 그는 자신이 집안도, 부모도, 학벌도, 외모도 내세울 것이 없기 때문이라고 주장했다. 하지만 사소한 일에도 원망을 품고, 남을 비난하고, 매사에 불평을 늘어놓는 익숙한 자신의 성격에서 벗어날 생각이 없을 뿐이었다.

그런 성격을 바꾸기 위해서는 고통스러운 변화의 과정을 거쳐야 한다. 그 과정을 감당하기 어려우니 차라리 익숙한 패턴을 고수한 것이다.

적지 않은 사람들이 익숙한 성격에서 벗어나기를 매우 힘들어한다. 누구나 자기 성격 중 마음에 안 드는 부분이 있다. 불안, 공격성, 분노, 위선, 질투심, 게으름 등 싫은 면이 한두 가지쯤 없는 사람은 없다. 문제는 '타고난 것이라면 난들 어쩌겠는가?' 하면서 면죄부를 주고자 하는 심리가 우리 속에 있다는 사실이다.

그런 면죄부는 없다. 타고나는 기질과 달리 성격은 습관의 영향을 더 많이 받기 때문이다. 나쁜 습관 하나를 고칠 때마다 성격도 그만큼 고쳐진다고 할 수 있다. 다만 우리 내면에 심리적 장애물이 가로놓여 있기에 그러기가 쉽지 않다. 좌절과 열등감, 과거의 실수나 실패, 분명하지 못한 목표와 게으름 등. 원망과 분노, 불안과 죄책감, 시기심과 바람기가 장애물인 경우도 있다. 성격을 고치고 변화하고 싶다면 먼저 나의 인격적 성숙을 가로막는 장애물이 무엇인지 알아야 한다.

목록 만들어보기도 하나의 방법이다. 그런 다음에는 그것들을 제거하려면 어떤 방법이 필요한지도 세세하게 적어보는 것이 좋다. 그렇게 써나가다 보면 의외로 해결 방법이 간단하다는 사실을 발견하게 된다. 대부분이 습관만 약간 바꿔도 쉽게 극복할 수 있는 문제들이기 때문이다.

지금 당장이라도 내가 고치고 싶은 습관을 작은 것부터 살펴보기를 권한다. 평소 무엇을 먹고 어떤 형태의 수면을 취하는지, 공부하거나 일을 할 때는 어떤 방식을 선호하는지, 취미는 무엇인지, 인간관계 패턴은 어떤지 등을 확인해서 마음에 안 드는 부분은 고치려고 노력해 보자.

물론 일상적인 습관을 고치기는 쉬운 일이 아니다. 그렇지만 습관의 변화가 성격의 변화를 가져오고 성격의 변화가 운명의 변화를 가져온다는 사실을 기억하자. 그러니 어떤 경우에도 변화하지 않으면 안 된다. 원하는 만큼 원하는 순간에 변화하지 않는다고 자신을 질책할 필요는 없다. 다만 인생에서 성공하고 싶다면 변화의 첫걸음을 내디뎌야 함은 분명하다.

우리는 폴 오스터의 말처럼 "아무것도 당연하게 받아들이지 않고 살아 있는 한 삶을 다시 시작해 나갈 방법을 모색해야"만 한다.

나를 변화시키는 레시피

1 플라나리아도 지루함은 참지 못한다는 사실을 기억한다.

2 한탄과 불평으로 촘촘한 그물을 만들어내지 않는다.

3 자기 합리화는 변화의 적이라는 사실을 직시한다.

4 변화를 가로막는 장애물이 무엇인지 알아낸다.

5 작은 변화가 운명의 변화로 이어진다는 사실을 이해한다.

7

자신감

약한 고리가 강한 사슬을
끊지 못하게 하라

자기를 개방하는 데 거리낌 없는 사람에게 여름은 멋진 계절이다. 신체적으로나 정신적으로나 건강한 사람은 자신을 있는 그대로 드러내는 데 망설임이 없다. 자기표현은 한 사람의 자존감, 자신감과 연결되어 있다. 그러나 누구나 확고한 자신감을 가지고 살아가는 것은 아니다.

알코올의존증인 아버지와 무력한 어머니 사이에서 자란 사람이 있었다. 그의 성장 과정은 불우했다. 사랑받는 일이 어떤 것인지도, 기본적인 인간관계를 맺는 법도 배우지 못했다. 그는 자신의 처지를 비관하며 사람들이 제 사정을 알아주기를 바랐다. 그러다 보니 사람을 만날 때마다 자신의 힘든 삶에 관한 이야기를 멈추지 못했다. 상대방이 자신의 이야기를 받아주지 않으면 원망하고 화를 냈다.

당연히 그는 주위 사람들에게 기피 대상이 될 수밖에 없었다. 매번 투덜대고 불평만 늘어놓는 사람에게 길게 인내심을 보일 사람은 없다. 그런데도 그는 상대가 자신 때문에 힘들어한다는 사실 자체를 받아들이지 못했다.

늘 상대의 눈빛이나 태도를 지나치게 의식하고 신경 쓴다는 문제로 나를 찾아온 사람도 있었다. 그는 상대의 태도가 어제와 조금만 달라져도 곧장 자기를 싫어해서 그런다고 생각했다. 그러면 자신도 상대가 싫어지는데, 그런 감정을 숨기려고 더 잘해주고는 한다는 것이었다. 그러면서도 그런 자신을 향한 혐오감이 커져서 힘들다고 했다.

사회적으로 인정받는 직업을 비롯해 모든 면에서 안정을 이루었지만 타인이 무섭다고 나를 찾아온 사람도 있다. 그는 부하 직원도, 심지어는 자신의 사무실 인테리어를 해준 사람도 무섭다고 했다. 인테리어 사후 관리를 부탁해야 하는데도 못 하고 있을 정도라고 하소연을 덧붙였다.

세 사람에게는 한 가지 공통점이 있었다. 사회적 위치와는 상관없이 자신을 어린아이로 보는 심리를 지니고 있었다. 그러다 보니 그들에게서는 살아가는 데 꼭 필요한 최소한의 자신감조차 찾아보기 어려웠다.

그런가 하면 객관적으로 괜찮은 외모임에도 자신의 모습이 너무 마음에 안 든다고 나를 찾아온 사람도 있었다. 본인이 사람들에게 인기가 없는 이유가 외모 때문이라는 것이다. 물론 영화배우처럼 멋진 외모는 아니었지만 분명 누가 봐도 매력적인 여성이었다. 다른 면에서도 뛰어난 능력을 지니고 있었다. 그런데도 그는 외모에만 매달렸다. 심지어 택시기사가 불친절한 것도, 배달기사가 퉁명스러운 것도 모두 자신의 외모 탓이라고 생각했다.

이 경우처럼 자신에 대한 불안과 의심을 가진 사람은 타인도 적으로 대하거나 두려운 존재로 볼 수밖에 없다. 자신을 어린아이로 생각하거나 열등감이 심하면 상대가 나를 싫어하고 버리면 어쩌지 하는 거부 불안이 심해진다. 그러면 마치 작은 지진에도 무너지는 집과 같은 상태가 된다.

늘 강조하지만 인간관계는 바로 나 자신과의 관계부터 시작한다. 내가 나를 있는 그대로 받아들이고 장점은 살리고 단점은 보완하려고 노력하면 타인도 그렇게 대하게 된다. 반대로 내가 나를 못마땅하게 여기면 남들이 나를 무시하나 싶어 전전긍긍하게 되어 있다.

후자의 경우 조금이라도 남이 나를 싫어하거나 관심이 없는 듯하면 당장 우울해하고 불안해한다. 타인을 향한 피해의식과 불신도 대체로 열등감에서 기인한다. 스스로 자신감이 없다 보니 상대가 나를 속인다고 생각하는 것이다. 즉 인간관계를 포함해 세상과의 모든 갈등은 내 안에서 일어나는 무수한 소용돌이가 외부로 투영되어 나타난 결과다.

열등감이 심하면 그다음으로 자기 비하가 이어진다. 그런데 모순되게도 많은 사람이 스스로는 자신을 비하해도 남들은 자기를 말 그대로 추앙해 주기를 바란다. 한편으로는 그 바람이 이루어질 수 없는 일임을 알고 있다. 나도 내가 싫은데 어떻게 남들이 나를 추앙할까? 하지만 그것을 바라는 복잡한 심리가 우리 속에 있다. 이 문제를 해결하는 방법은 낮은 자존감을 회복하는 길밖에 없다.

자존감이란 무엇인가? 자신에 대한 확신과 자기 존중이다. 다시 말해 자신이 현실에서 경험하는 일들을 해결할 수 있는 내적 판단력과 나아가 행복할 권리를 가지고 있다는 느낌이다. 이런 자기개념을 확고히 하고 자신감을 키우면 우리는 인생에서 정서적으로, 또 창의적으로 경험의 폭을 넓혀나갈 수 있다.

자기개념이란 요약하면 자신을 이루는 밑그림, 정체성, 자기 존중 등에 대해 스스로 얼마나 알고 있으며 또 어떤 평가를 내리고 있는지를 의미한다. 이 자기개념 여하에 따라 자존심과 자기 확신이 결정된다. 낮은 자존감으로 괴로워하는 사람이 남의 평가에 병적으로 민감한 이유는 자기개념이 너무도 빈약하기 때문이다. 어느 자리에서나 주인공이 되지 않으면 못 견디는 것도 무의식적으로 남들의 관심을 통해 빈약한 자기개념을 보상하려는 심리에 뿌리를 둔다. 자신을 조금이라도 무시하는 상대를 미워하는 경우도 같은 맥락이다.

자기개념이 건강하게 형성된 사람은 남들의 비판에도 너그러운 태도를 취할 줄 안다. 받아들일 만한 비판이면 긍정적으로 수용하고 상대에게 문제가 있다 싶으면 신경 쓰지 않는다. 나와 남의 문제를 명확하게 구분할 줄 알기 때문이다. 남들이 자신을 어떻게 대하든지 그다지 연연하지도 않는다. 다만 맡은 일을 묵묵히 수행하고 책임을 다한다. 인내하고 공감하는 능력은 물론이고 유머 감각과 유연성, 용기를 온전히 키워나가려고 노력한다. 그러면 어느 순간부터 군건한 자신감을 가지고 확고한 길을 걷고 있는 자신을 발견하게 된다.

그 과정에서 누구나 자신을 분석하고 평가하는 일에 두려움이 생길 수 있다. 정말 보고 싶지 않은 어두운 면을 직시하는 일이 자신에 대한 위협으로 느껴질 수 있기 때문이다. 그러나 이는 자기 수용의 한 과정일 따름이다. 오히려 이 과정을 통해 미처 알지 못했던 자신의 감정이나 생각들을 새롭게 발견할 수도 있다. 그렇게 안정된 자기개념을 만들어갈 때 건강한 자긍심도 생겨난다.

아무리 강한 사슬도 그중 가장 약한 고리로 강도가 결정된다는 말이 있다. 나의 허약한 자신감이 약한 고리가 되지 않도록 만들 책무가 우리에게는 있다.

나의 자신감을 강한 고리로
만들어주는 레시피

1. 내 안에 무력한 어린아이가 있지는 않은지 살펴본다.

2. 세상 모든 관계의 시작은 바로 나와의 관계에서 비롯함을 인지한다.

3. 나의 장단점을 이해하고 그것과 조화를 이루며 살아가고자 노력한다.

4. 맡은 일을 수행하고 책임을 다하는 태도가 자신감의 바탕임을 이해한다.

5. 허약한 자존감이 내 인생의 약한 고리가 되지 않도록 한다.

가을 — 秋

가을은 전혀 다른 두 가지 모습으로 우리에게 다가온다. 하나는 겨울의 소멸을 준비하는 조락凋落의 과정이다. 가을이 되면 자연의 많은 것들이 시들고 메마른 채로 잎을 떨군다. 한편으로 열매를 맺는 모든 나무는 풍성함으로 가득 찬다. 그런 의미에서 가을은 흔히 말하는 결실의 계절이기도 하다. 인생의 계절로는 중년기에 해당한다. 중년기는 학창시절부터 내가 사회에 나와서 무엇을 이루었는가를 살펴보고 인생 2막을 준비하는 시기다.

명리학에서는 결실을 의미하는 금金의 오행이 가을을 상징한다. 주역에서는 하늘을 뜻하는 중천건괘重天乾卦와 연못을 상징하는 중택태괘重澤兌卦가 가을에 해당한다. 가을이 되면 높은 하늘의 굳건함, 연못 주위를 거닐며 사색하는 시간이 필요해지는 것과 같은 이치이리라. 한편으로는 중천건괘에 내포된 강건함과 중택태괘에 함의된 조용한 즐거움과도 연관될 수 있겠다. 가을은 그처럼 내가 지금까지 이룬 바를 돌아보고 사색하는 시간이 아닐까 한다.

1

결실

내가 맺은 결실로
소명을 감당하기

가을의 결실은 조락이 있기에 가능하다. 귤도 석양에 더 향기롭고 전나무도 죽기 1년 전에 유난히 화려하고 풍성한 꽃을 피운다고 하지 않던가. 나는 그것이 우리의 소명과 관계가 있다고 생각한다. 소명이라고 꼭 거창할 필요는 없다. 인생에서 내게 주어진 것을 받아들이고, 그 속에서 내 존재의 목적과 의미를 찾아간다면 족하다.

거기서 조금 더 넓혀서 주변 사람들에게 내 인생의 결실을 나눠줄 수 있다면 그것만으로도 더할 나위 없는 소명의 완수가 아닐까. 물론 그저 내 생각일 뿐이다.

월트 휘트먼은 시집 《풀잎》(허현숙 옮김, 열린책들)에서

"쥐는 수천만 배의 이교도들을 놀라게 하기에 충분한 기적"이라는 구절이 담긴 시를 썼다. 한 마리 생쥐에게도 기적을 부여하신 하느님께서 나를 만들었다고 생각하면 도저히 존재의 의미를 포기할 수 없는 것, 그것 또한 소명을 감당하는 한 가지 방법이 아닐까 하는 생각도 든다.

에밀리 디킨슨도 시 〈짧은 노래〉에 "기운 잃은 한 마리 개똥지빠귀를 둥지로 데려가 줄 수 있다면 헛되이 산 것이 아니다"라고 썼다. 휘트먼과 디킨슨 모두 아주 사소한 풍경에서라도 삶의 의미와 행복을 발견할 수 있음을 말하고 싶었던 게 아닐까.

실제로도 행복이 꼭 어마어마한 무언가일 필요는 없다. 햇살이 잘 드는 창가에 혼자 앉아 느긋하게 커피 한 잔을 마시는 여유, 놀아달라고 보채는 강아지를 무릎에 앉히고 쓰다듬어 주는 잠시의 시간, 그런 여유와 순간이 모여 행복을 이루지 않던가.

그런데도 입만 열면 늘 '나는 가진 게 없다, 불행하다' 하면서 제 처지를 한탄하는 사람들이 있다. 그만하면 분명 살 만한 환경인데도 매사 불만투성이인 사람도 있다. 누에가 입에서 나오는 명주실로 고치를 짓듯 사람은 자기 입에서 나오는 말로 운명의 집을 짓는다는 말이 있다.

더 나쁜 일은 따로 있다. 시간이 흐르면 정말 그들이 말한 대로 그들의 삶이 펼쳐진다는 점이다. 더욱이 불평하느라 인생에 부여된 자신의 소명을 깨닫지 못한 채 사는 것이야말로 그들에게는 최악의 벌이라 할 수 있다.

자신의 가치를 인정하고 존중하고 격려할 줄 아는 사람은 남에게도 그 태도를 전파하고 또 결실을 거두도록 돕는다.

그런 사람의 또 다른 특징은 언제나 활기차고 긍정적인 모습을 잃지 않는다는 점이다. 삶의 모든 일이 결국에는 최선의 결과에 이른다고 믿으며 남에게 그 결실을 나누는 데 언제나 적극적이다.

"누군가를 도와 그가 자신의 삶에 열광하고, 인생의 문을 활짝 열고 그것을 즐기며, 나아가 인생이 주는 가능성에 몰두할 수 있게 한다면 그보다 더 큰 선물은 없다."

미국의 정신의학자 밀턴 H 밀러가 저서 《당신 자신이나 당신이 사랑하는 사람이 정신과 환자라면》에 남긴 말이다. 이 한마디에 역할 모델로서 삶의 소명이 모두 함축되어 있다. 만약 내게도 어떤 소명이 부여돼 있다면, 그것을 위해 얼마나 애쓰고 정진하고 있는지 돌아보면서 살아갈 수 있기를 바란다.

인생의 결실과 소명을 찾도록 돕는 레시피

1. 사소한 일일지라도 시작과 끝 그 자체로 의미가 있다는 사실을 이해한다.

2. 내 존재의 의미를 찾기도 소명을 완수하는 한 가지 방법이다.

3. 불평하느라 인생에서 거둘 수 있는 결실을 낭비하지 않는다.

4. 나는 이 세상에 유일무이한 존재임을 늘 생각한다.

5. 내 삶의 모든 것이 끝내 최선의 결과를 빚는다고 믿는다.

2

감사

내게는 아직도
감사할 일이 많다

풍요로운 결실이 있기에 가을은 감사의 계절이기도 하다. 감사는 주변 사람들과 나눌 때 더 특별한 의미를 지닌다. 한 친구가 들려준 이야기가 떠오른다. 단독주택이 모여 있는 동네에 사는 친구의 이웃 중 그 감사의 의미를 실천하는 사람이 있다고 한다.

  그 이웃은 그다지 크지 않은 마당을 온갖 예쁜 꽃과 나무로 잘 가꾸어놓고 아침부터 저녁까지 대문을 열어두었다. 오가는 이웃들과 마당을 함께 나누기 위해서였다. 덕분에 그 집 앞을 지나는 이웃들은 아주 잠깐이라도 행복한 기분을 느꼈다는 이야기였다.

그 집 마당에 철마다 꽃이 피고 과일나무에 열매가 맺히는 풍경을 보고서야 '아, 어느새 봄이구나, 가을이구나' 하는 사람들도 많다고 했다. 그래서 이웃들이 그 말과 함께 감사 인사를 건네면 그쪽에서는 오히려 자기 집 마당을 함께 봐주는 사람들에게 고맙다고 화답한다나.

그 이야기를 들으며 문득 내가 뭘 가지고 있든, 또 무엇을 이루어내든 그 결과를 함께 나누고 기뻐할 대상이 없다면 무슨 의미가 있을까 하는 생각이 들었다. 나아가 주변에 그런 사람이 한 사람이라도 있다면 감사해야 한다는 사실도 깨달았다.

아는 사람이 다리를 다쳤을 때의 일이다. 꼼짝없이 누워 있으면서 그는 비로소 건강한 다리로 가고 싶은 곳에 갈 수 있는 것도 축복임을 알았노라고 했다. 바쁘게만 살아온 삶을 돌아보니 느림의 미학이 의미하는 바를 알 것 같다고도 했다. 다리를 다치는 불상사가 없었으면 영영 그런 깨달음을 얻을 기회가 없었을지도 모른다는 말을 덧붙이면서.

앞서도 이야기했듯 우리는 흔히 좌절과 실패가 또 다른 기회라고 말한다. 그러나 괴로운 순간에는 그 말에 위로를 받기 어렵다. 그 괴로움에서 어느 정도 벗어나고서야 그로 인해 자신이 달라졌음을 알게 된다. 주변의 모든 것에 감사하게 된다. 물론 그런 감사함도 시간이 지나면 사라진다. 그러나 그 과정에서 분명 흔적을 남기고 그 흔적들이 쌓이면서 우리 삶은 변화해 간다. 이것이 감사가 주는 가장 큰 선물이다.

딸아이가 어릴 때 수술을 받은 적이 있다. 아이는 전신 마취에서 깨어나자 심한 갈증을 느꼈다. 그러나 물을 마시려면 몇 시간을 기다려야 했다. 마침내 물을 마음껏 마시게 되자 아이는 그 순간을 너무나 고마워했다. 나 역시 아이가 힘든 수술을 무사히 받고 물이라도 마실 수 있게 되었음에 거듭 감사를 느꼈다.

병원에서 딸아이의 회복을 기다리는 동안 새삼 깨달았다. 내게는 감사해야 할 일들이 너무나 많았다. 건강한 팔다리를 가진 것, 혼자 힘으로 음식을 먹고 화장실에 다녀올 수 있는 것, 생각하고 판단할 수 있는 능력을 지닌 것… 그저 온통 감사한 일뿐이었다.

주어진 것들을 당연하게 여기는 동안 우리는 감사함을 모른다. 건강에만 국한된 이야기가 아니다. 자연에 대해서도, 사람에 대해서도 감사는커녕 무심할 때가 훨씬 더 많지 않던가. 나 역시 아침에 일어나 그날의 햇빛에 감사해 본 일도 없고, 알맞게 비가 내리고 바람이 부는 일에 대해서도 감사를 느껴본 기억이 없었다. 생각해 보면 이 세상에 그보다 더 감사할 일도 없는데 말이다.

그런데 딸아이 덕분에 새삼 인생에서 감사할 일들에 대해 생각하게 됐으니 그 순간까지도 감사한 셈이었다. 그 후 언젠가 여름 햇살이 너무 뜨거워 짜증을 내다 문득 입을 다물고 말았다. 이 땅의 모든 곡식이 바로 그 뜨거운 햇살을 받고 무르익어 간다는 걸 깨달았기 때문이다. 그토록 단순한 진실조차 깨닫지 못하고 살아온 나 자신을 반성했다.

내 감사 리스트는 끝이 없다. 나는 떠오르는 아침 해도 보았고 지는 석양도 보았다. 푸른 하늘도 보았고 바다도 보았다. 비도 맞아보았고 눈길도 걸어보았다. 사계절도 누려보았고 외국으로 여행을 떠나 지평선이 보이지 않는 사막도 보았다. 그 사막에 피어난 한 포기 풀도 보았다. 유럽의 작고 예쁜 집도, 적막한 호수도 보았다. 가까운 친구와 인생의 행복에 관해 생각을 나누기도 했다.

그때 친구가 말하길 외국에서 공부할 때 작은 호숫가로 산책하러 나갔다가 깜박 잠이 든 적이 있다면서, 몇 시간이나 깊은 잠을 자고 호숫가에서 깨어났을 때 친구는 '아, 이것이 행복이구나'를 느꼈다고 한다. 그 이야기를 들으니 나도 그런 기분을 경험해 보고 싶었다. 그러다 언젠가 작은 호수를 거닐면서 그 친구를 떠올리는데 나도 모르게 행복감이 드는 것이 아닌가.

그뿐인가. 아이도 낳아보았고 그 아이들이 어른으로 성장하는 과정을 지켜보는 기쁨도 누렸다. 과연 회복해서 사회생활을 할 수 있을까 싶던 환자들이 건강해져서 시험에 붙고 결혼도 하고 부모가 되는 모습도 지켜볼 수 있었다. 마음을 치는 책들도 읽어보았고 역경을 딛고 일어선 사람들의 강한 삶도 보았다.

음악을 들으며 울어도 웃어도 보았다. 아주 달고 깊은 잠도 자보았고 맛있는 음식도 먹어보았다. 좋은 친구들과 대화하면서 서로의 삶에 공감하고 이해도 나누어보았다. 생각이 같은 사람들과 하느님에서부터 일상의 시시콜콜한 이야기까지 함께 나눈 적도 많다.

좋은 성직자를 만나 가슴 깊이 하느님의 사랑을 느낄 수 있는 설교도 들어보았고 폐부를 찌르는 감동적인 이야기도 들어보았다. 타인의 아픔을 자신의 아픔처럼 나누는 좋은 이웃도 만나보았다. 무엇을 더 바랄까. 그저 내게 주어진 모든 것에 감사하고 또 감사할 뿐. 다만 그 행복과 감사의 순간이 너무도 짧아 자주 잊고 사는 것이 문제지만.

　자신은 늘 제로에서 시작한다던 일본 작가 소노 아야코의 말이 떠오른다. 아무것도 없이 시작하면 사소한 도움이라도 크나큰 감사와 기쁨으로 다가오기 때문이라는 이유였다. 그리고 무엇보다 그런 계산법을 사용하면 일생에 한 번도 좋은 일이라고는 없었다고 푸념하는 사람은 생길 수 없기 때문이라고도 했다. 나 역시 그런 계산법으로 앞으로의 날들을 감사로 채울 수 있기를 소망해 본다.

삶에서 감사함을 찾는 레시피

1 내게는 아직도 감사할 일이 많음을 인지한다.

2 내게 주어진 것들을 당연하게 여기지 않는다.

3 시간을 내어 감사해야 할 일 목록을 작성해 본다.

4 감사함을 함께 나눌 수 있는 사람을 주위에 둔다.

5 앞으로의 날들을 감사로 채울 수 있기를 소망한다.

3

기쁨

자주 웃고
특별한 순간을 즐겨라

수확의 풍성함, 그에 대한 감사가 있기에 가을은 자랑과 기쁨의 계절이기도 하다. 조락을 준비하기 전, 숲의 단풍이 온갖 색채의 향연으로 물드는 때의 아름다움은 또 어떤가. 나는 해마다 보는 가을 풍경에도 매번 경탄을 느끼곤 한다. 그 사이로 비쳐드는 가을 햇살은 또 얼마나 다정하고 눈부신가. 감사와 기쁨이 저절로 느껴지는 순간이다.

   라디오 방송 아침 프로그램을 진행할 때의 일이다. 매번 새벽에 집을 나서기가 힘들긴 했으나 나는 매일 여명을 볼 수 있음에 기쁨을 느끼곤 했다. 푸르스름한 새벽빛에서 서서히 붉은빛으로 물들어 가나 싶던 하늘이 한순간 아침 빛으로 단번에 환해지는 풍경을 보고 있으면 절로 눈물이 났다.

집에서 방송국으로 가기 위해서는 강변북로에서 성산대교를 거쳐야 했다. 다리로 나 있는 C자 커브 길을 지나야 하는데, 조금 늦으면 커브로 진입할 때 아침 햇살이 가득 쏟아지곤 했다. 그 순간은 언제나 한결같은 기쁨과 감사의 감정으로 내게 각인되었다.

마더 테레사는 '감사를 표현하는 가장 좋은 방법은 모든 일을 기쁨으로 받아들이는 것이다'라는 의미의 말을 남겼다. 크고 거창한 일들을 두고 한 말은 아니리라고 생각한다. 내 경험에 비추어 보면 그런 순간은 대체로 사소한 일에서 발견된다. 이를테면 마음에 감동을 주는 음악을 듣거나 손에 든 책에서 가슴을 치는 문장을 만나는 순간들이 바로 그렇다.

물론 나도 행복한 삶을 동경한다. 어찌 그러지 않을까. 하지만 다들 그러하듯 나 역시 인생에서 그런 순간이 얼마나 찰나인지 안다. 그렇다고 하더라도 그 순간을 추구하는 것을 완전히 멈추지는 못하지만 말이다.

인생의 꿈을 물으면 아마 대다수가 '행복하게 살기'라

고 대답하리라. 그렇다면 무엇이 행복인가? 좋은 집에서 좋은 차를 몰고 좋은 음식을 먹으면 행복할까? 잠깐은 그렇겠지만 그 삶을 사는 사람들이 과연 자신을 행복하다 여길지는 알 수 없는 일이다.

인도를 여행하고 온 사람들이 한결같이 하는 말이 있다. 바로 인도인들의 낙천주의에 관한 이야기다. 사실 '낙천주의'도 정확한 표현은 아니다. 그보다는 운명에 순응하는 삶의 자세라고 해야 맞으리라.

실제로 인도인 중에는 '이 세상에 진정으로 내 소유란 없으며 나 자신도 그저 잠시 이 땅을 거쳐가는 존재에 불과하다'는 생각으로 살아가는 사람이 많다고 한다. 이 같은 깨달음을 얻은 사람들이 부나 명예, 사회적 성공이나 찰나의 행복 같은 가치에 큰 의미를 둘 리 없다. 그들이 항상 초연한 태도를 보일 수 있는 이유도 아마 그 때문일 것이다.

언젠가 한 친구로부터도 비슷한 이야기를 들었다. "누구는 고아로 이 세상에 버려지듯 태어나고 누구는 좋은 가문에서 축복받으며 태어난다. 세상에 어떤 모양으로 태어나느냐는 인간의 의지와 상관이 없다. 그 일은 단지 신의 의지일 따름이다. 그러므로 누군가가 자신이 좋은 가문에서 태어난 일을 자랑삼는다면 그 자체가 우스운 노릇이다."

자신이 고아라거나 부자가 아니라거나 배우지 못했다거나 하는 것을 부끄러워할 필요도 없고, 세상을 원망할 필요는 더더욱 없으며 그저 지금 자신의 모습에 충실하게 당당히 살아가면 그뿐이라는 말이었다. 물론 쉬운 주문은 결코 아니다. 하지만 최소한 생각할 여지를 주는 이야기임은 분명하다.

그는 이어서 처음부터 기득권을 가지고 태어나 좋은 교육을 받을 기회가 있었거나 부자가 되었거나 사회적 지위를 얻은 사람은 겸손한 마음으로 그것을 받아들이지 않으면 안 된다고 했다. 감사한 마음으로 불행한 이웃을 위해 자기가 받은 바를 나누어줄 줄 알아야 한다는 말도 덧붙였다.

그의 이야기 역시 인도인의 인생관과 비슷한 데가 있지 않은가. 그러나 모두가 그런 깨달음을 얻기는 어려운 법, 내 경우 불평꾼 노릇을 하며 세상을 바라볼 때도 많다. 행복 운운하면서도 내가 진심으로 원하는 게 뭔지 모를 때도 있다. 그러다 어디선가 '자신이 무엇을 원하는지 모르는 사람들의 모임'이 있다는 말을 듣고 실소를 터뜨리고 말았다. 흥미롭게도 그 모임에 참여한 사람들에게는 한 가지 공통점이 있었다고 한다. 바로 자기 인생에 대해 계속해서 불만을 토로하는 사람들이었다고.

그래서일까? 기쁨에 관한 글 중에는 한결같이 특별한 순간을 즐기고 많이 웃으라고 당부하는 내용이 많다. 할 수 있는 한 주위에 그 기쁨을 퍼뜨릴 것도 주문한다. 그러기 위해서는 먼저 해야 할 일이 한 가지 있다. 바로 세상 모든 것에서 좋은 면, 밝은 면을 보려고 노력하는 태도를 갖추기다. 특히 주위의 사람들에게서 좋은 점을 찾을 수 있어야 한다.

한 외국인 학교는 '언제나 밝고 행복한 모습으로 학교생활을 해나가기에 주는 상'이라는, 다소 긴 이름의 상을 아이들에게 준다고 한다. 딸아이가 공부를 못해서 마음이 쓰이던 어느 아버지가 해준 이야기다. 그런데 그는 아이가 어느 날 그 상을 받아오자 무척 감격하고 말았다고. 그 일화를 들으며 나는 이스라엘의 현자 랍비 나흐만의 말을 떠올렸다.

"다른 사람에게서 좋은 점을 찾기 위해 애쓰고 있습니까? 그 좋은 점에 초점을 맞추고 칭찬하고 있습니까? 그렇다면 당신은 죄인마저도 성자가 되게 할 수 있습니다.

언제나 자신에게서 좋은 점을 찾고 있습니까? 그 좋은 점에 초점을 맞추고 칭찬하십니까? 그렇다면 우울이 기쁨으로 변할 것입니다."

그가 말하는 기쁨이 세상에 더 널리 퍼져나갈 수 있기를 바라며…

4

수용

삶을 있는 그대로
받아들이는 지혜

 가을은 한편으로 관조와 수용의 계절이다. 특히 안으로 침잠하며 겨울을 준비하는 늦가을의 모습에서 우리는 거스를 수 없는 자연의 이치를 깨닫는다. 화려한 단풍도 모습을 감추고 나무들은 잎을 떨군다. 숲은 조금씩 어두운 빛에 잠긴다. 해마다 찾아오는 자연의 순환에 이의를 제기하는 사람은 없다.

 나 역시 가을이 되면 약간의 엄숙함으로 모든 자연의 순환과 이치를 관조하며 받아들이는 심정이 된다. 그리고 어김없이 영화 〈그리스인 조르바〉를 떠올리곤 한다. 배우 앤서니 퀸이 주인공으로 나오는, 오래전 영화인지라 세세한 부분은 기억나지 않지만 내 마음속에 강렬하게 남아 있는 장면이 있다.

영화 말미에서 조르바는 인생의 모든 것을 상실한 모습으로 푸른 지중해를 향해 마주 선다. 그리고 세상에 대한 미련을 떨쳐내려는 듯 그리스를 상징하는 고유의 춤을 추기 시작한다. 그 위로 미키스 테오도라키스의 음악이 흐른다. 참으로 인생무상을 실감하게 하는 장면이다.

나는 요즘도 힘들 때면 차에 음악을 크게 틀어놓고 달리기를 좋아한다. 그러면서 조르바의 춤을 생각한다. 세상의 모든 것을 잃어버린 그는 과연 어떤 심정으로 춤을 추었던 것일까. 아마도 자신의 운명을 신에게 맡기되 수동적이 아닌, 모든 일을 수용하면서 노력하겠다는 뜻이 아니었을까 생각해 본다.

인생에 조화와 균형을 이루기 위해서는 무엇보다 그런 수용의 자세가 필요하다. 변화의 과정을 거쳐 새로움을 만들어내고 싶다면 더욱 그렇다. 그래서인지 수용력을 지닌 사람들은 대개 일정한 여유가 있다. 그들은 눈앞의 무언가가 마음에 들지 않는다고 해서 그것을 배척하지 않는다. 오히려 있는 그대로 받아들여 취할 것은 취하면서 그 안에서 새로움을 만들어내기 위해 노력한다. 한

마디로 모든 것을 수용하면서 새로운 생명을 자라게 하는 대지 같은 역할을 한다.

그러기 위해서는 첫 번째로 내게 일어난 일을 있는 그대로 받아들이는 자세가 필요하다. 〈실낙원〉을 쓴 밀턴의 이야기는 그 극적인 사례를 잘 보여준다. 시력을 잃었을 때 그는 이렇게 말했다.

"볼 수 없는 것이 나를 자유롭게 한다. 볼 수 없기에 나는 인간으로서 상상력의 깊이와 높이를 탐험할 수 있는 마음의 자유를 얻었다."

작가에게 시력 상실보다 지독한 일도 없으리라. 그런데 밀턴은 상황을 수용했을 뿐 아니라 더 위대하게 승화시키는 반전을 보여주었다.

변화가 불가피하다면 우리는 상황을 있는 그대로 받아들이려 노력해야 한다. 그러다 보면 스스로 반전을 도모할 만큼 유연해질 수 있다.

수용에 필요한 두 번째 태도는 거리를 두고 바라보기다.

"난 영화를 어떻게 만들어야 하는지 너무나 잘 알아. 물론 다 만들고 난 다음이지만."

영화감독들이 자주 하는 농담이라고 한다. 무슨 일이든 소용돌이의 한가운데 있을 때는 실체를 잘 볼 수 없다는 뜻이겠다. 영화를 만드는 일만 그러할까. 사랑하는 사람도, 인생의 희로애락도, 사소한 일상조차도 가끔은 거리를 두고 바라볼 필요가 있다.

그러면 그동안 보이지 않던 많은 것들이 비로소 눈에 들어오고 덕분에 삶도 조금 더 풍요로워질 가능성이 크다. 나아가 자신의 관점을 고집하지 않고 세상에는 여러 다른 시각이 있을 수 있으며 실제로 그런 시각이 존재한다는 사실을 깨달을 수도 있다.

문제가 생겼을 때도 마찬가지다. 문제에만 매달려 있으면 시야가 좁아질 수밖에 없다. 그러면 작은 문제도 아주 커 보이고 해결 방법이 영영 보이지 않을 것만 같다. 그럴 때는 음악을 듣거나 산책을 하면서 잠깐이라도 자신을 무심의 상태로 놓아두는 여유가 필요하다. 그렇게 관조의 시간을 가지다 보면 문제의 실체가 한결 분명해지고 또 이해의 폭도 크게 넓힐 수 있다.

수용에 필요한 세 번째 태도는 기대치 낮추기다. 내가 임상에서 만난 한 주부의 사례가 떠오른다. 그는 매번 승진에서 탈락하는 무능한 남편, 공부 못하고 속만 썩이는 아이들 때문에 사는 게 너무 불행하다고 한탄했다. 참지 못하고 화만 냈더니 남편과 아이들 모두가 자신을 마녀

보듯 한다고도 했다.

나는 그에게 주변 사람들, 특히 가족들에 대한 기대를 조금만 낮춰보기를 권했다. 얼마 후 다시 병원을 찾은 그는 내가 말해준 대로 생각과 행동을 바꾸자 많은 게 달라졌다고 털어놓았다. 우선 화를 덜 내니 남편도 아이들도 명랑해지고 집안 분위기가 달라졌다는 것이다. 그러던 어느 날 청소를 하던 그가 창가에 서서 잠깐 하던 일을 멈췄을 때였다. 어디선가 바람이 불어왔다.

"그 순간 깨달았어요. 이렇게 시원하게 불어오는 바람을 느낄 수 있으면 그걸로 됐다는 걸요. 더 욕심내고 바라는 건 사치일 뿐이라는 사실도요."

나는 그가 주어진 현실을 온전히 받아들이고 그 안에서 삶의 위로를 발견했다고 생각한다. 기대를 약간 낮춘 결과치고는 놀라운 일이 일어난 셈이다.

이 사례처럼 누구라도 수용과 그에 따르는 작은 변화를 통해 생각보다 많은 상황을 바꿀 수 있다.

그런데도 우리는 주변의 누군가를 사랑한다고 하면서 일정한 조건을 달 때가 많다. 내가 원하는 틀 속에 가두려고 하는 것이다. 이런 태도는 인간관계에서 벌어지는 온갖 갈등의 가장 큰 원인이 된다. 가까운 사람일지라도 나와 똑같이 생각하고 느끼고 행동할 수는 없다. 그런데도 상대방을 내가 원하는 모습으로 만들려다가 수많은 관계가 깨지는 것을 본다. 우리는 너나없이 나를 있는 그대로 받아주고 조건 없이 사랑해 주는 사람을 원한다. 그러면서도 상대에게는 끝없이 조건을 단다면 그런 이율배반도 없다.

그 태도는 나 자신에게도 적용해야 한다. 내가 내 모습을 있는 그대로 받아들이고 사랑하지 않는 순간 누구라도 낮은 자존감과 열패감에 시달릴 수밖에 없다. 자신을 있는 그대로 받아들일 때 우리는 타인에 대해서도 너그러워질 수 있다. 자신의 열등감을 인정하지 않고 보지 않으려는 사람은 제 문제까지 남에게로 돌려 더욱 남을 비난하고 너그럽지 못한 태도를 보인다.

"내가 누구인지에 대한 사실과 장단점을 수긍하고 그 성품과 조화를 이루며 사는 법을 배워야 한다. 좋은 점과 나쁜 점을 함께 받아들이지 않는다면 하느님이 내 삶을 위해 마련한 계획을 수행할 수 없다"는 말이 있다.

네덜란드 출신의 가톨릭 독신 사제 헨리 나우웬은 이렇게 말했다.

"스스로를 심판하지 말라. 자책하지 말라. 스스로를 거부하지 말라."

 삶을 있는 그대로 받아들이는 수용의 자세가 얼마나 중요한지를 압축한 문장이라고 하겠다. 우리 모두 이 삶의 지혜를 내 것으로 만들려고 노력해야 한다.

5

용서

실수는 누구나 한다
서로 용서하라

이 세상에 실수 없는 인생은 없다. 누구나 때로는 잘못된 결정을 내리고, 어긋난 방향으로 달리기도 하면서 살아간다. 그로 인한 고통에 괴로워하고, 투사의 심리로 원망할 상대를 찾고, 혹은 수치심에 인간으로서 존엄성마저 상실한 듯한 상황에 빠지기도 한다. 그 반대편에는 비슷한 정도의 감사와 기쁨과 수용이 있다. 이것이 우리네 인생이다. 그렇기에 우리는 서로의 실수와 잘못에 대해 용서하며 살아갈 수 있다.

그런데 용서하기가 잘 안 되는 사람들이 있다. 특히 인간관계가 힘들다는 사람들을 보면 그런 면이 두드러지고는 한다. 이들에게는 대체로 자신의 잘못을 잘 인정하지 못한다는 공통점도 있다. 이 사람들은 끝없이 상대의 잘못만을 탓하며 반목을 되풀이한다. 먼저 깔끔하게 잘못을 인정하고 곧바로 사과하기는 이들에게 바라기 어려운 일이다.

좋은 사람들과 인간관계를 맺으려 애쓰는 사람들에게 내가 자주 하는 조언이 있다. 일이 잘못되거나 실수했을 때 사과하는 모습을 보라는 것이다. 만일 변명하거나 억지 부리지 않고, 과장하지도 않고 있는 그대로 실수를 인정하면 그는 어느 정도 신뢰할 수 있는 사람이다.

사과를 받을 때도 마찬가지다. 상대방이 진심으로 사과할 때 산뜻하게 받아주는 사람인가 아닌가를 살필 필요가 있다. 그런 사람은 대개 성격도 긍정적이고 쾌활하다. 따라서 좋은 파트너로서도 손색이 없을 가능성이 크다. 반면 상대방이 치명적인 잘못을 저지른 게 아닌데 계속해서 사과하게 만든다면 서로 품위만 떨어지게 되어 있다. 물론 누구나 실천할 수 있는 일은 아니다. 상대방이 사과를 거듭해도 "그래, 네가 좀 더 고개를 숙인다면 한번 생각해 보지" 하는 식으로 반응하기 쉬운 게 사람 마음이기 때문이다.

한편으로 우리는 자신의 실수나 공평하지 못한 관점에 대해서는 보지 않으려는 경향이 있다. 그 탓에 솔직하고 의연하게 사과할 기회를 놓치고 후회할 때도 많다. 그러면서도 상대방에게서 그런 면을 발견하면 은근히 쾌재를 부르거나 때로는 날카로운 비평도 서슴지 않는다.

앞서 이야기했듯 이 세상에 실수 없는 완벽한 인생은 없다. 상대방이 넘어진 돌부리에 나 역시 얼마든지 넘어질 수 있다. 이 사실을 인정하면 상대방의 잘못에도 너그러워질 수 있다. 그런데 사실 나부터도 자주 그렇게 하지 못한다. 의연하게 사과하고 사과를 따뜻하게 받아주기가 정녕 쉬운 일이 아님은 분명하다.

더욱이 상대가 내게 매우 큰 피해를 입힌 경우라면 쉽게 용서할 수 없는 것이 당연하다. 누군가로 인해 돈 혹은 명예를 잃든, 배신을 당하든, 아니면 내가 바라는 만큼 상대에게 사랑받지 못하든 간에 그 피해는 우리에게 큰 상처를 남긴다. 그러면 우리는 그 고통을 가져온 대상을 미워하고 그에게 적대감을 가질 수밖에 없다. 그것이 운명이든 사회적 모순이든 부모든 사랑하는 사람이든 상관없이 원망과 미운 감정은 어쩔 수가 없다.

결국 우리는 어느 순간 마음의 결정을 내려야 한다. 괴로움 속에서 계속 살아갈 것인지 아니면 괴로움을 딛고 앞으로 나아갈 것인지. 후자를 택한다면 방법은 한 가지밖에 없다. 내게 괴로움을 가져온 대상을 용서해야 한다.

내가 생각하는 용서란 그 사실의 망각이 아니다. 용서하더라도 그 사실을 기억에서 완전히 지울 수는 없다. 그런데도 많은 사람이 용서하는 순간 그것을 잊어야 한다는 생각 때문에 용서하는 마음을 쉽게 갖지 못한다. 그런 자신을 비난하고 죄책감을 갖는 경우도 많다.

우리는 어떤 일이든 결코 완전히 잊을 수는 없다. 우리가 경험한 모든 일은 무의식에 저장된다. 그러다가 언제라도 작은 단서, 이를테면 어느 순간 시야에 들어온 건물, 라디오에서 흘러나오는 음악 등에 의해 해당 기억이 의식 세계로 떠오를 수 있다. 따라서 그 누구도 자신이 받은 상처와 용서 사이에 아무 일도 일어나지 않은 것처럼 살아갈 수는 없다.

용서의 핵심은 기억하되 문제 해결을 위해 앞으로 나아가는 자세다. 여기에는 자신과 남이 완벽하지 못한 인간이라는 사실을 이해하고 받아들이려는 노력도 포함된다.

그런 용서의 첫 번째 과정은 마음에서 미움을 덜어내기다. 미움은 상대방이 잘되기를 바라는 열정을 우리에게서 빼앗아 간다. 반대로 용서란 상대방을 내 도움이 필요한 연약한 사람으로 보아야만 가능하다.

용서를 위한 두 번째 과정은 먼저 자신을 용서하는 용기를 갖기다. 어쩌면 첫 번째 과정보다 더 힘들 수도 있다. 스스로를 용서하기는 그렇게 쉬운 일이 아니다. 나는 임상에서 죄책감이라는 사슬로 자신을 묶어두고 괴로워하는 사람을 수없이 보았다.

자기 자신을 용서하려면 먼저 이 죄책감에서 벗어나야 한다. 그러기 위해서는 자신에 대해 무엇을 용서해야 하는지를 분명하고 구체적으로 알아야 한다. 그런 다음에는 자신이 존중받을 자격이 있는 사람이라는 걸 깨달아야 한다.

세 번째는 용서하는 데 시간이 걸린다는 사실을 이해하기다. 앞서도 언급했듯 우리는 용서하면 그 순간부터 모든 감정이 완벽하게 정리되기를 바란다. 하지만 그때부터가 시작임을 알아야 한다. 물론 사소한 상처는 빨리 치유될 수 있다. 그러나 내면 깊숙이 자리한 상처나 열등감을 건드린 상처라면 용서에는 시간이 걸린다.

용서에 필요한 네 번째 과정은 자신과 상대방에게 모두 문제가 있다는 시각을 갖기다. 그러면 어떤 경우에도 자신은 완전히 무죄라고 생각하지는 않게 되리라.

　인생이라는 배에도 바닥짐은 필요하다. 어떤 배도 바닥짐이 없으면 안전하지 못할뿐더러 곧장 나아갈 수도 없다. 그런 의미에서 인생의 순조로운 항해를 위해 약간의 고통은 필요할지도 모른다. 내가 나를 용서하고 남이 나를 용서하는 것처럼, 나도 남들을 용서하는 관대한 마음으로 그 고통을 상쇄하며 앞으로 나아갈 수 있다. 타인에게 존엄성을 남겨두는 용서와 그것을 박탈하는 용서 사이에는 차이가 있다는 말이 괜히 있는 것이 아니다.

서로를 용서하는 데 필요한 레시피

1 이 세상에 실수 없는 인생은 없다는 사실을 이해한다.

2 잘못은 깔끔하게 인정하고 사과하는 습관을 들인다.

3 상대방의 사과는 첫 번에 받아들이려 노력한다.

4 자신을 위해 상대를 용서한다고 생각한다.

5 상대와 나 자신 모두에게 문제가 있다는 시각을 갖는다.

6

현명함

마음을 열고 내 편이 되어
지혜를 갖추기

꼭 집어 이유를 설명할 수는 없으나 가을은 내게 '현명함'이라는 단어를 떠올리게 하는 계절이다. 아마 가을에만 가능한 결실이나 수확에서 비롯한 생각이 아닐까 한다. 우리의 내면도 그런 결실을 거쳐 현명한 지혜를 갖추게 되기를 바라는 마음이 불러낸 연상 작용일지도.

현명함은커녕 무력하기만 했던 시절이 내게도 있었기에 더욱 이런 생각을 하게 되는지도 모르겠다. 병원에서 인턴, 레지던트로 일했던 시절의 일이다. 나는 한 선배 때문에 심한 괴로움을 겪었다. 그는 내게 말도 안 되는 일을 트집 잡거나 일부러 상처가 될 말을 골라서 했다.

일일이 반사적으로 대응하기도 우스운 일이었다. '그래, 맘대로 하라지. 나는 내 할 일만 할 테다' 하는 심정으로 버티는 수밖에 없었다. 일단 그렇게 마음먹으니 괴로움이 한결 가셨다.

그런데 한참 시간이 흐른 뒤 다른 선배를 만났는데 그에게서 나온 이야기는 완전히 달랐다. 그는 문제의 선배에게 괴롭힘 당하는 나를 볼 때마다 자신을 방어하고 보호하지 못하는 내 모습이 너무나 안타까웠다고 한다. 나는 "아, 그거야 말 같지도 않으니까 외면한 거죠" 하고 무심히 넘겼다. 그런데 나중에 생각해 보니 그 선배의 말이 옳았다는 걸 깨달았다.

그 당시 나는 열등감과 우울감으로 무력한 상태였다. 과연 내가 정신과 의사로서 자질이 있을까 하는 고민이 컸던 탓이다. 그러다 보니 무방비 상태로 상대의 괴롭힘을 고스란히 받기만 했다.

지금은 그때 내가 어떻게 해야 했는지 안다. 먼저 내 마음을 들여다보며 무엇이 나를 그토록 무력하게 만드는지 살폈어야 한다. 그랬다면 적어도 상대방이 나를 멋대로 괴롭히게 두지 않을 정도의 현명함은 갖출 수 있었으리라. 당시의 나는 그와 정확히 반대로 행동하면서 부정적인 생각들이 내면을 잠식하도록 내버려 두었다.

부정적인 감정은 곰팡이와 같다. 한번 생겨나기 시작하면 머지않아 전체로 퍼져나가 모든 상황을 압도해 버린다는 점에서 특히 그렇다. 인생에서 모든 활력과 에너지를 빼앗고 스스로를 도저히 믿지 못하는 상황으로 추락시키기까지 한다.

그런 일을 피하려면 자신을 소중한 존재로 여기며 상황에 압도되지 않는 길밖에 없다. 그래야 내가 스스로의 편에 서서 방어가 필요한 순간 무방비로 당하지 않을 수 있다. 이 깨달음 이래 나는 마음을 열고 삶을 긍정적인 에너지로 채우기 위한 노력에 대해 많은 생각을 해왔다.

내가 나를 응원하지 않으면 누가 나를 응원하겠는가. 이런 결심이 내 마음에 일정한 현명함으로 자리하는 순간 우리는 많은 것에서 좀 더 자유로워질 수 있다. 일종의 면역력이 생기기 때문이다.

이 면역력을 갖추면 첫 번째로 우리는 같은 상황에서도 불안을 덜 느끼게 된다. "성품은 걷는 모양만큼이나 우리가 누구인지를 분명하게 드러내준다"는 말이 있다. 상황에 어떻게 대처하느냐에 따라 사람의 성품이 드러난다는 뜻이다. 힘든 상황에서도 의연함을 잃지 않는 사람이 있는가 하면 작은 변수에도 성격을 드러내며 가벼운 언동을 하는 사람도 있지 않던가.

이는 대부분 불안감 때문이다. 상황에 압도당해 커지는 불안에 비례해서 처신이 달라지는 것이다. 그런 사람일수록 면역력을 갖춰야 한다. 그러다 보면 웬만한 불안감 앞에서도 흔들리지 않게 된다.

두 번째로는 감정 조절 능력이 생긴다. 분노나 열등감, 불안과 우울감 같은 부정적인 감정이 내면에 가득 차 있을 때 감정을 조절할 수 있는 사람은 거의 없다. 머리로는 알면서도 감정에 치우쳐 충동적이고 파괴적인 행동을 하게 되는 것도 그런 이유 때문이다.

우리가 면역력을 키우고 지혜를 갖추기 위해 노력하는 이유도 감정을 조절하기 위해서라고 해도 과언이 아니다. 따라서 적절하게 감정을 조절하기 위해서는 먼저 자신의 감정을 솔직하게 대면하고, 그 감정이 나에게 어떤 도움이 되는지 따져볼 필요가 있다.

세 번째로는 의존성으로 상처받는 일이 줄어든다. 세상에 의존성이 없는 사람은 없다. 누구라도 함께하며 삶의 목적이 되는 상대가 있어야 한다. 문제는 의존성이 지나칠 때다. 어느 한쪽이 과하게 의존적일 경우, 그는 자신의 의존성을 해결하기 위해 무의식적으로 상대를 조종하려고 한다. 그 상황에서 발생하는 감정의 충돌은 당연히 서로를 지치게 한다. 그런데 그때 어느 한쪽이라도 면역력과 현명함을 갖추면 문제가 훨씬 줄어들 수 있다.

네 번째로는 지레짐작의 오류에서 벗어날 수 있다.

누구도 타인의 마음을 명확하게 알 수 없다. 따라서 모호한 신호에 의지해 상대방의 마음을 내 방식대로 해석하는 일은 생각보다 자주 일어난다. 바로 '지레짐작이 초래하는 오류'다.

이 잘못된 해석은 때때로 자신의 문제 탓에 더 악화되기도 한다. 예를 들어 자존감이 낮은 사람은 남이 나를 어떻게 대하는지에 몹시 민감하다. 그때 생겨나는 지레짐작의 오류는 주로 자신에게 불리하고 부정적인 쪽으로 흘러간다. 우울한 사람은 쉽게 자신을 비난하는 쪽으로 주의를 집중한다. 불안 강도가 높은 사람은 자신의 불안감 때문에 더욱 위험한 쪽으로 상상을 부풀린다.

한편으로 우리는 내가 미처 말하지 못한 것까지 상대방이 모두 알아주기를 바란다. 거기서 소통의 부재가 생겨난다. 지레짐작의 오류에서 벗어나면 소통의 부재도 자연스럽게 줄어든다. 지레짐작은 나의 마음을 상대에게

전달하는 데도 방해가 되고, 상대의 마음을 이해하는 데도 방해가 되기 때문이다.

지금까지 살펴보았듯 불안감, 감정 조절 능력, 의존성, 지레짐작의 오류에서 제대로 된 해결 방법을 찾는 일은 매우 중요하다. 방법을 찾기만 해도 우리는 훨씬 경쾌하고 여유 있는 인생을 살아갈 수 있다. 이것이 우리가 마음을 열고 현명한 지혜를 갖추기 위해 노력해야 하는 가장 큰 이유다.

7

치유

스트레스 극복에
꼭 필요한 과정

감사와 기쁨, 수용과 용서는 마음의 상처에 가장 좋은 치료제다. 여기에 자연이 주는 치유력까지 보태면 일상에서 받는 상처나 아픔이 낫는 속도가 더 빨라진다. 그런 의미에서 가을은 치유의 계절이기도 하다.

일이 잘못되었을 때 나를 절벽에서 미는 것은 사건 자체가 아니다. 그보다는 일을 그렇게 만든 자신을 향한 책망과 견디기 어려운 스트레스가 원인인 경우가 더 많다.

스트레스가 심하면 판단력이 마비된다. 이어서 두통, 소화불량, 불면증 같은 신체적 증상이 나타난다. 그로 인해 한번 무력감에 빠지면 일상생활이 모두 귀찮아진다.

무력한 상태가 이어져 우울증으로 발전하면 회복하기가 쉽지 않다. 그러므로 일부러라도 잘 먹고 잘 자고, 대인관계에서도 활력을 찾기 위해 노력해야 한다. 몇 가지 방법을 소개해 보겠다.

첫 번째는 마음의 환기를 위한 노력이다. 방 안에 탁한 공기가 가득 차 있으면 우리는 먼저 창문을 활짝 연다. 바깥의 신선한 공기가 들어와 방 안이 환기되기를 기다린다. 우리의 마음도 마찬가지여서 때로 환기가 필요하다. 가까운 사람에게 자신의 문제를 털어놓은 뒤 한결 마음이 가벼워진 경험이 없는 사람은 없으리라.

이탈리아 영화 〈스타 메이커〉를 보면 자칭 영화감독이라는 사람이 카메라를 들고 한 시골 마을에 나타난다. 시대 배경상 마을에는 영화가 무엇인지 알지도 못하고 본 적도 없는 사람들이 더 많다. 그 사람들을 상대로 감독은 영화에 출연할 배우를 찾고 있다며 광고를 한다. 마을은 술렁거리기 시작한다. 그는 오디션을 운운하며 교묘한 방법으로 돈을 받고 사람들을 카메라 앞으로 끌어낸다.

당연히 그 감독이란 사내는 떠돌이 사기꾼에 불과하다. 그의 카메라에는 필름도 들어 있지 않다. 그런데도 사내는 사람들을 꼬여 자신의 이야기를 털어놓게 하고는 돈을 가로챈다.

 영문을 알 리 없는 사람들은 카메라를 향해 마음을 털어놓기 시작한다. 꿈, 욕망, 상처, 좌절, 미움, 분노 같은 마음을 하나씩 내보이는 사람들에게 카메라는 마치 고해 신부와도 같은 역할을 한다. 평생 감춰두었던 마음속 이야기를 털어놓는 그들의 모습은 그 순진성 때문에 더 처연하다.

 영화에는 드러나지 않지만 나는 마을 사람들이 느꼈을 해방감을 생각했다. 누구에게도 말하고 싶지 않았으나 묻어두기에는 너무나 고통스러운 이야기를 털어놓게 만들었다는 점에서 그 사기꾼은 일종의 정신적 해방자 노릇을 한 셈이다.

 그만큼 우리에게 마음의 환기는 중요하다. 예를 들어 지금 내 속에 누군가를 향한 분노가 가득 차 있다고 해보자. 만약 내가 여과 없이 그 분노를 표출한다면 매우 공격적이고 험한 상황이 벌어질 것이다. 하지만 그런 일이 있기 전에 나의 분노를 제삼자에게 털어놓을 수 있다면 화는 반으로 줄어들게 마련이다.

 해결하기 어려운 문제로 머리가 복잡할 때도 마찬가지다. 머리를 싸매고 있기보다는 가까운 누군가에게 어려움을 털어놓으면 상황은 대체로 달라진다. 그러는 사이 자연스럽게 문제의 핵심을 깨닫게 될 수도 있다. 어떤 문제든 핵심을 명확하게 알고 나면 해결 방법을 찾는 길 역시 그만큼 쉬워진다. 그러므로 내 속마음을 털어놓을 상대를 적어도 한두 사람은 곁에 두려고 애쓸 필요가 있다.

마음의 환기 다음으로 중요한 방법은 '다운 타임down time'이다. 즉, 스트레스를 극복할 수 있도록 일정한 시간을 자신에게 허락하는 것이다. 밥을 짓거나 찌개를 끓이거나 할 때 우리는 뜸을 들인다. 이 과정을 거칠 때와 그렇지 않을 때의 음식 맛은 엄청난 차이가 난다. 스트레스 극복도 마찬가지다. 스트레스가 쌓일 때는 뜸을 들이듯 잠시 쉬어가는 시간이 반드시 있어야 한다. 이 시간이 바로 다운 타임이다.

스트레스 극복을 위한 또 하나의 처방전은 평소 마음을 기울이는 취미를 갖기다. 음악이든 미술이든 운동이든 모두 큰 도움이 된다. 영화 〈쇼생크 탈출〉을 보면 주인공이 우연히 얻은 모차르트의 레코드 음반을 트는 장면이 나온다.

오페라 〈피가로의 결혼〉 중 소프라노 이중창인 '저녁 바람이 부드럽게'가 최대한의 볼륨으로 울려 퍼지자 죄수들은 깊은 감동을 느낀다. 그때 주인공 역할의 모건 프리먼이 이런 독백을 한다.

"아직도 나는 그 여자들이 무엇을 노래했는지 모른다. 알 필요도 없고 알고 싶지도 않다. 다만 그 짧은 순간 쇼생크의 모두는 자유로움을 느꼈다."

음악의 치유력을 그토록 극적으로 묘사한 장면도 달리 없지 않을까 싶다.

마지막으로 우리는 자연이 주는 치유의 힘을 믿어야 한다. 적어도 내 생각은 그렇다. 구로사와 아키라는 살아생전 비 그친 뒤의 청량감을 영화로 표현하는 일이 소원이었다고 한다. 그러나 구로사와 같은 대가도 비가 그친 뒤에 느끼는 상쾌한 감동을 영화적으로 표현하기가 쉽지 않았다고 한다. 자연이 주는 감동은 무엇보다 먼저 우리가 피부로, 호흡으로 느끼기 때문이리라.

언제나 그 같은 감동으로 우리를 이끌기에 자연은 상한 마음을 치유하는 데도 놀라운 능력을 발휘한다. 그러니 아름다운 나무나 꽃을 보고 감동할 수 있다면 설령 괴롭고 슬픈 일이 있어도 너무 깊이 상심할 필요는 없지 않을까. 아직은 마음이 열려 있고 견딜 만하다는 뜻일 테니까. 누군가 내게 이를 두고 "자연이 괜찮다고 하는 동안은 괜찮은 것이다"라는 말을 한 적이 있다.

실제로 자연은 우리를 순수함으로 이끄는 치유력이 있다. 봄날의 감나무나 대추나무처럼 열매 달린 존재를 보고 있으면 절로 미소가 떠오르지 않던가. 특히 감나무에 매달린 새끼감은 그 조그만 초록색 모양이 얼마나 앙증맞고 귀여운지 모른다. 모든 동물의 새끼들이 전부 귀엽고 사랑스럽듯 식물의 어린 열매도 그토록 애틋한 느낌을 준다는 사실이 놀랍다.

나는 어느 날 문득 올려다본 가을 하늘이 말 그대로 구름 한 점 없이 맑고 푸르른 것에 놀란 적도 있다. 그동안 하늘 한번 올려다볼 사이도 없이 신발 코만 보고 걸었다는 사실에 눈시울이 뜨거워지기까지 했다. 바쁘다는 핑계로 자연이 우리에게 선물하는 수없이 많은 아름다운 치유의 순간들을 놓쳤다는 걸 새삼 깨달았다. 자연이 주는 감동과 그 생명 가득한 치유력에 자신을 내맡기는 태도야말로 스트레스 극복에 꼭 필요하다는 것이 내 생각이다. 그렇게 잘 먹고 잘 자고 잘 쉴 수 있을 때, 스트레스는 힘이 된다.

일상의 스트레스를 치유해 주는 레시피

1 마음의 환기를 위한 노력을 게을리하지 않는다.

2 다운 타임의 중요성을 알고 실천하려고 노력한다.

3 평소 마음을 기울일 수 있는 취미를 갖는다.

4 자연의 치유력을 믿고 앞으로 나아간다.

5 잘 먹고 잘 자고 잘 쉬는 것에 초점을 맞춘다.

겨울이면 우리는 하얀 눈과 추운 날씨 탓에 외출하기보다는 집 안에서 지난 1년을 돌아보며 자신을 성찰하는 시간을 더 많이 갖는다. 동시에 다가올 봄을 맞이할 기쁨과 설렘의 시간도 교차한다.

명리학에서는 수水의 오행이 겨울을 상징한다. 주역에서도 역시 물을 뜻하는 괘로 구성된 중수감괘重水坎卦가 겨울을 의미한다. 그런데 이 수의 오행이 암시하는 바가 흥미롭다. 물은 생명이 살아가는 데 꼭 필요한 존재다. 인간은 물만 먹어도 2주를 생존할 수 있다고 하지 않는가.

우리가 우주를 탐색할 때 가장 먼저 찾는 것도 물이다. 성경의 창세기도 하느님이 세상을 만드실 때 물을 갈라 하늘과 땅으로 만들었다는 이야기로 시작한다. 동양에서 물은 지혜를 뜻한다. 마음의 계절에서도 겨울은 내 안의 지혜를 혼자 만들어가는 시기가 아닌가 한다.

1

결단

가슴이 원하는 바가
무엇인지 묻는다

겨울 역시 가을처럼 두 가지 상반된 의미를 지닌 계절이다. 하나는 소멸과 침잠이다. 거의 모든 겨울 풍경이 소멸과 침잠을 보여준다. 그러나 바로 그 속에 새로운 생명의 탄생이 예고되어 있음을 우리는 안다.

생명은 긴 겨울을 견디면서도 아주 조금씩 새로운 탄생을 준비한다. 우물쭈물하는 태도는 허락되지 않는다. 소멸과 침잠에서 벗어나 새 생명을 준비하기 위해서는 단호한 결단이 필요하기 때문이다.

인간사라고 다를 바는 없다. 우유부단한 채 살아가는 인생에 새로운 변화나 희망이 찾아올 리 없다. 회피와 변명이라면 모를까. 실제로 그런 면 때문에 고민하는 사람들이 의외로 많다.

한 사례가 떠오른다. 30대 후반 남성인 그는 내향적인데다 인간관계에서 회피적인 성격 탓에 고생이 심했다. 가능한 한 사람들의 주목을 받는 상황을 피하며 생활했다. 당연히 회사생활도 녹록지 않았다. 그나마 맡은 일을 언제나 확실하게 해냄으로써 지적이나 비판 받을 여지를 사전에 차단했다.

그런데 팀장으로 승진하면서 문제가 생겨났다. 그의 기획서가 우연히 임원의 눈에 띈 일이 계기였다. 기획서 뽑아내는 능력 하나만은 대단한 그였다. 기획서 작성은 조용히 혼자서도 얼마든지 할 수 있는 일이었기 때문이다. 하지만 팀장이라니, 승진은 이야기가 완전히 달랐다. 리더십도 필요하고 무엇보다 빠른 결단력과 추진력이 있어야 하는 자리였다.

못 하겠노라고 할 수도 없었다. 그는 거의 제정신이 아닌 상태로 팀장이 되었다. 가장 힘든 때는 회의시간이었다. 직원들이 내는 의견을 취합해서 최종 결정을 내리는 일이 그의 몫이었기 때문이다.

그는 회의시간만 되면 매번 식은땀을 흘렸다. 그가 결

정을 내릴 때까지 직원들이 그의 얼굴만 쳐다보고 있을 때도 적지 않았다. 회사에 있는 동안에는 어떻게 해서든 버텨나갔다. 그러나 퇴근해서 집에 가면 완전히 녹초가 되었다. 잠자리에 들어서도 자신이 했던 행동, 자신이 내린 결정에 대해 생각하느라 늘 잠이 모자랐다.

미혼이었기에 망정이지 결혼했더라면 상황은 더욱 나빠졌으리라고 그는 말했다. 더구나 설상가상으로 그의 상사는 그와 정반대의 성격이었다. 상사는 언제나 자기가 가장 옳다고 생각하는 사람이었다. 한번 내린 결정에는 후회가 없었다. 설사 손해를 보더라도 그건 세상이 잘못된 거지, 자신의 결정이 잘못된 게 아니라는 식이었다. 그는 결정을 앞에 두고 갈팡질팡하는 사람들을 견디지 못했다. 그 상사에게 그런 태도는 실력이 없다는 뜻이었다. 게다가 상사는 고위직의 임원이 그를 특별히 아껴 팀장에 앉혔다고 생각한 탓에 그를 더 미워했다.

견디다 못한 그는 상담을 받기에 이르렀다. 심리검사 결과 그는 내향성에 은둔형 기질의 소유자이기는 했다. 하지만 대단히 명석한 두뇌와 온화한 심성을 가진 사람이었다. 물론 결단력과 의지 면에서는 확실히 부족한 데가 있었다.

그는 우선 자신의 장점인 따뜻한 심성을 살려 사람들과 친밀감을 나누는 데 힘쓰기로 했다. 그동안 자신에게는 애초에 사람들이 친밀감을 느낄 만한 매력이 없다고 생각해 온 그였다. 그런데 그렇지 않다는 사실이 밝혀지자 그는 조금씩 마음의 문을 열기 시작했다. 결단력과 의지를 키우는 데도 노력을 기울였다. 그렇게 마침내 어느 정도 단호함과 결단력을 갖춘 사람에 가까워졌다.

그의 사례처럼 뭔가를 결정하는 일이 어려운 사람들이 있다. 정도의 차이는 있지만 결단력은 여러 가지 면에서 우리를 시험에 들게 한다. 작게는 짬뽕을 먹을지, 짜장면을 먹을지로 딜레마를 겪는 사람도 많다.

메뉴 선택의 문제에만 국한된 이야기가 아니다. 사실 인생은 매 순간 선택과 결정의 연속이다. 시험을 앞두고 공부를 할지 잠을 잘지 하는 일부터 시작해 인생 경로를 어떻게 만들어나갈지, 사업을 어떻게 꾸려나갈지에 이르기까지 모든 일이 우리에게 결단과 선택을 요구한다. 결단과 선택에 능한 사람이 인생에서 성공 가능성이 큰 것은 어쩌면 당연한 일인지도 모른다. 실제로 성공한 사람 중 결단력이 없는 사람은 거의 없다. 오히려 넘쳐서 문제인 경우는 있어도.

정신의학자 알프레드 아들러는 인간의 운명이 선택과 선택하는 의지에 달려 있다고 했다. 인간은 자신이 의식하지 못하는 순간에조차 자기가 선택한 목표를 향해 움직이기 때문이다. 한순간의 선택으로 운명이 달라지는 예도 얼마든지 있다. 일단 선택하면 좋든 나쁘든 그 선택이 인생이 되고 마는 경우가 있지 않은가. 아들러의 주장이 이해가 간다.

누구나 바위처럼 굳건하고 다이아몬드처럼 단호한 결단력을 가질 수 있다면 얼마나 좋을까. 그러나 결단력에는 타고난 기질, 성장 과정과 환경에 의해 형성되는 성격 외에도 여러 가지 변수가 영향을 미친다.

첫 번째로 우유부단한 기질이 문제인 경우를 살펴보자. 그런 사람은 가벼운 예로 양말 한 켤레를 살 때도 스무 번쯤 같은 물건을 집었다 놓았다 한다. 도무지 어떤 물건을 사야 할지 결정하기 어렵기 때문이다. 이 같은 일로 괴로움을 겪는 사람이 의외로 많다. 이런 기질은 정말이지 일상을 피로하게 만든다. 당사자도 괴롭겠지만 만약 가족 중 누군가가 그래도 피곤하기는 마찬가지다.

이 경우 평소 아주 작은 일부터 혼자 결정하는 연습을 해야 한다. 선택이나 결정은 학습에 의해서 좌우되기도 한다. 평소 녹차를 마실까 커피를 마실까 고민이 된다면 자신에게 딱 30초의 시간을 주어보자. 그렇게 내린 결정을 지키고자 애쓰다 보면 나아지는 순간이 온다.

두 번째로 불안감도 큰 변수 중 하나다. 한번 불안에 잠식당하면 웬만해서는 어떤 결단을 내리기가 어렵다. 더욱이 완벽한 결정을 내려야 한다는 중압감에 시달리다 보면 사정이 나빠질 수밖에 없다.

자기 불신도 결단력에 영향을 미친다. 스스로 자신의 판단력과 능력을 믿지 못하므로 결정을 내릴 수가 없는 것이다. 자신이 혹시 그런 처지에 놓인 건 아닌지 돌아볼 필요가 있다.

세 번째로 남의 시선을 지나치게 의식하는 성향도 문제가 된다. 얼핏 결단력은 전적으로 나에게 달린 일처럼 보인다. 그런데 사실 이 문제만큼 남을 의식하는 경우도 드물다. 행여 잘못된 결정을 내렸다가 비난을 받을까 봐 두렵기 때문이다. 그러나 선택의 당사자는 나임을 명심하자. 내 인생을 책임져야 하는 사람은 나다. 그러므로 중대사를 결정해야 하는 순간에는 언제나 자신의 가슴에 먼저 물어보라. 내게 힘이 되는 것이 무엇인지 조금만 깊이 생각한다면 누구나 옳은 방향으로 나아갈 수 있다.

2

용기

중요한 일은 절대 쉽지 않다

"방법은 오직 한 가지뿐이다. 바로 달아나지 않는 것이다."

스태니슬라우스 케네디 수녀의 《영혼의 정원》(이해인 옮김, 열림원)에 나오는 구절이다. 수녀님의 말씀이 아니라도 인생에서 달아나지 않는 태도야말로 진정한 용기라는 생각이 들 때가 많다. 용기를 지녔느냐 아니냐에 따라 우리는 긍정주의 혹은 비관주의로 기운다.

비관주의자는 끊임없는 불평불만의 노예가 되기 쉽다. 내 인생은 왜 이 모양인지 모르겠다고, 되는 일이라곤 하나도 없다고 끝없는 불평을 터뜨리며 살아간다. 비관주의자는 이 세상에 자신을 도와주는 사람은 하나도 없다고 생각한다. 당연히 인간관계도 수월하지 않다.

인간관계의 핵심은 '서로 주고받기'에 있다. 내가 친밀하게 다가가면 상대방도 친밀하게 나를 대한다. 내가 적대감을 품으면 상대방 역시 비슷한 적대감을 보인다. 따라서 매사에 부정적인 불평꾼이 인간관계를 잘 꾸려나가기는 어렵다. 비관주의자는 결국 자기 인생은 그저 불운의 연속일 뿐이라며 세상에 대해 마음의 문을 닫고 만다.

한편 긍정주의자는 지금의 삶이 힘들어도 길게 불평하지 않는다. 언젠가는 잘될 것이고 좋은 일들이 일어나리라는 굳건한 믿음을 지니고 있기 때문이다. 긍정주의자는 자기 주위에 좋은 사람들이 많다고 생각한다. 자신이 손을 내밀기만 하면 상대방 역시 주저하지 않고 그 손을 잡아줄 것이라 믿는다. 내 편에서 언제라도 상대방의 손을 잡을 마음의 준비가 되어 있기 때문이다.

당연히 인간관계도 순조롭게 이어진다. 상대보다 먼저 다가가 도움을 주고자 애쓰므로 모두가 좋아할 수밖에 없다. 긍정주의자는 또한 자신이 세상의 행운을 누릴 자격이 있다고 믿는다. 그만큼 확고한 자기 신뢰를 지닌 까닭이다.

물론 긍정주의자라고 해도 때로는 부정적인 생각에 휘

둘릴 때가 있다. 아마 누구라도 그럴 테다. 불현듯 자기 확신이 흔들리고 세상이 나에게 적대적인 것처럼 느껴지는 순간이 없는 사람이 있을까? 인간관계만 해도 그렇다. 내가 준 것의 100분의 1만큼도 고마움을 못 느끼고 불평을 해대는 사람이 있는가 하면 나 또한 누군가에게 그런 일을 저지르지 않았다고 할 수 없다.

그래서 어느 순간 '그만 다 포기하고 주저앉아 버릴까? 알 게 뭐야? 내 인생 내 맘대로 하는 거지. 세상이 날 안 도와주는데 어쩌라는 거야?' 하는 심정이 되기도 한다. 하지만 그때마다 다시 일어설 수 있는 이유는 우리 속에 자신을 믿는 마음이 있기 때문이다.

용기란 '나 자신을 믿고 내가 선택한 행동의 결과를 받아들이고 거기서 배울 용의가 있음'의 다른 표현이라는 말이 있다. 우리에게 힘이 되는 태도는 언제나 내 인생의 주인은 나라는 믿음이다. 그런 믿음으로 세상을 향해 힘찬 발걸음을 떼는 일, 나는 그것이 바로 생의 위엄이요 용기라고 생각한다.

어린 시절, 나는 소설 《쿠오바디스》에서 하느님을 택했다는 이유로 사자에게 던져지는 사람들의 이야기를 보고 놀라움과 충격을 느꼈다. 그들이 겪을 육체적 고통을 생각만 해도 너무나 두려웠다. 나라면 도저히 그런 고통을 이겨낼 수 없을 것 같았다. 그런데 비슷한 고통 속에서도 생의 위엄과 용기를 잃지 않는 사람들이 있다. 빅터 프랭클도 그중 한 사람이다.

아우슈비츠에 끌려갔을 때 그는 당시 출판을 앞둔 첫 저서의 초고를 가지고 있었다. 하지만 나치 군대에 그 원고를 빼앗기고 말았다. 그에게 그 원고는 전 생애의 연구 결과를 담은 영혼의 분신과도 같았다. 그런 원고를 잃었으니 생의 의미를 잃은 것이나 다름없었다.

그때 누군가가 그에게 입으라며 죽은 수감자의 옷을 건네주었다. 그는 그 옷에서 찢어진 기도서 조각을 발견했다. 거기에는 '진심으로 네 영혼과 마음과 힘을 다해 주를 사랑하라'는 구절이 적혀 있었다. 프랭클에게 그 문장은 '어떤 고통이나 심지어 죽음 앞에서까지 무슨 일이 닥치더라도 삶을 긍정하라'는 명령과도 같았다.

그 순간 그는 원고에 대한 집착과 미련을 버렸다. 만일 그 원고가 출판되느냐의 여부에 인생의 가치가 달려 있다면 삶 자체가 무의미하다 생각했다. 더는 두려울 것도 잃을 것도 없게 된 프랭클은 지옥 같은 수용소 생활을 견디고 살아남았다.

수용소에서 나온 다음에는 인생의 그 모든 경험을 바탕으로 정신 치료에 새 장을 열었다. 우리가 삶에서 무력감과 우울감을 극복하기 위해서는 살아가는 의미를 발견해야 한다는 '의미 치료'를 주창한 것이다. 또한 그는 인간에게는 자유의지가 있다고 주장했다.

그런 프랭클의 행보는 내게 다시 한번 생의 위엄과 용기를 떠오르게 한다. 어떤 참혹한 상황에서도 현실을 받아들이고 굳건히 살아가는 일, 그 태도가 바로 인간이 갖춰야 할 존엄이요 용기라는 사실을 그는 삶 전체로 보여주고 있다. 나아가 그 삶이 바로 우리의 자유의지인 것이다.

프랭클 같은 극단적인 경우가 아니라도, 보통의 삶에서도 집착은 불안과 두려움을 낳고 무력감과 우울감으로 우리를 밀어 넣는다. 그러다 성공 콤플렉스에 시달리는 사람들도 있다. 그들은 사회적으로 일정한 성공을 거두었음에도 언제 추락할지 모른다는 불안과 두려움에 시달린다. 성공에 대한 집착으로 마음을 비우지 못한 결과다.

마음을 비우는 일에도 반드시 용기가 필요하다. 어디에서 무엇을 하든 내 안의 나를 공고히 한다면 우리는 좀 더 쉽게 마음을 비울 수 있다. 나 자신이 올바른 가치관을 가지고 명확한 의지로 세상사를 대하는 한 불안이나 두려움에 떨 필요가 없다. 나는 이 역시 우리가 생에 대해 지녀야 할 용기라고 생각한다.

그런 용기를 지니면 우리는 스스로에게 솔직해질 수 있다. 내 인생에 결점을 허용하는 것도 가능해진다. 그리고 그 결점을 극복하고 삶을 새롭게 구축할 용기를 낼 때 우리 인생에도 변화가 찾아온다.

우리는 내가 노력하면 감쪽같이 결점을 감출 수 있다고 착각하며 살아가는 경향이 있다. 또 다른 착각은 내가 보는 내 모습이 전부라고 여기는 생각이다. 실제 나의 전체적인 모습은 내가 아닌 남들만이 볼 수 있다. 거울 속에 비치는 내 모습이 전부가 아니다. 나에게 결점이 있다면 남의 눈에 더 잘 띄게 마련이다. 그런 결점을 인정하는 용기를 갖느냐의 여부가 중요하다.

용기가 있다면 우리는 삶을 얼마든지 리모델링할 수 있다. 물론 결코 쉽지 않은 일이므로 적잖은 노력을 기울일 각오는 해야 한다.

삶에서 존엄과 용기를 갖추는 레시피

1 정면 돌파에는 반드시 용기가 필요함을 인지한다.

2 집착을 버리고 마음을 비우는 데도 용기가 필요함을 이해한다.

3 결점을 허용하고 솔직해지는 태도도 용기의 한 형태다.

4 중요한 것은 결코 쉽지 않다. 삶의 용기도 마찬가지다.

5 자기 신뢰와 자기 확신의 힘을 믿는다.

3

인내

끈기 있게 참는 것도
기술이다 몸에 익혀라

정신의학에서 지능을 평가할 때는 단지 인지기능만 보지 않는다. 정신의학적으로 두뇌가 좋다는 의미는 인지기능과 더불어 기다리는 힘, 즉 인내심까지 포함한 개념이기 때문이다. 특히 인생에 주어진 모든 것을 견디고 거기서 의미를 얻으려면 인내심이 필요하다. 어른이 되는 과정은 인내심을 키우는 과정과 다름없다. 하고 싶은 일이 있더라도 현실적으로 어려우면 기다릴 줄도 알고, 하고 싶지 않더라도 해야 하는 일이면 할 줄도 아는 힘, 그러나 그런 힘을 갖기란 때로 얼마나 난망한가.

우리는 누구나 인생에서도 성공하고 사회적인 소명도

완수하며 살고 싶다고 생각한다. 그런데도 변명이나 늘 어놓으며 무의미하게 살아간다면 대체 그 이유는 무엇일까? 가장 큰 이유는 자기 연민과 게으름, 거기서 비롯하는 인내심 부족이다. 이 세 가지 요소로 삶이 무의미하다며 나를 찾아온 한 여성이 있었다.

한 직장에 다닌 지 벌써 몇 년째였지만 회사 일은 그의 적성에 맞지 않았다. 그런데도 꾸역꾸역 다니는 자신이 싫으면서도 한편으로는 불쌍했다. 이 생각은 자연히 힘을 내는 것을 가로막았다. 그러다 보니 기계적으로 살아갈 수밖에 없었다. 노력한 일이 한 가지 있기는 했다. 가능한 한 생각 자체를 하지 않으려 노력한 것이다. 한번 생각에 발목을 잡히면 지금의 생활이 무너질지도 모른다는 두려움이 무의식에 있었던 탓이다.

그러던 어느 날이었다. 출근 버스 안에서 무심히 바깥 풍경을 보고 있었다. 그때 갑자기 노란빛이 시야 가득 들어왔다. 길가에 개나리꽃이 무더기를 이루고 있었다. 그는 잠깐 숨을 멈췄고 순간적으로 마음에 빈틈이 생겼다. 그 빈틈으로 생각 하나가 떠올랐다. 개나리는 며칠 전부터 이미 피어 있었는데 자신이 오늘에야 그 풍경을 봤다는 깨달음이었다. 그 순간 그는 자기 삶의 무의미성을 무섭도록 깨우쳤다.

마침내 병원을 찾은 그는 심리검사 결과 뛰어난 머리와 잠재력을 갖추고 있는 것으로 나타났다. 그런데도 쓸모없는 자기 연민, 그로 인한 나태함의 덫에 걸려 아무런 목표도 없이 하루하루를 흘려보내고 있었다. 기질적으로 부지런하고 야심이 큰 타입은 아니었으나 따뜻한 마음씨를 타고난 데다 예술적 감각도 남달라서 동기 부여만 있다면, 또 그 동기를 뒷받침하는 끈기만 갖추면 원하는 인생을 살아갈 수도 있었다.

그에게 이 사실들을 설명해 주고 상담을 시작했다. 시간이 지나면서 점차 문제가 밝혀졌다. 그는 중학교 3학년 때 어머니를 세상에서 떠나보냈다. 그 후로 재혼하지 않은 아버지와 단둘이 살아왔다. 아버지는 딸을 사랑하는 방법이라 여기며 딸의 인생에 여러 면으로 개입했다. 지금 다니는 회사도 아버지가 지인의 추천으로 입사하게 해준 곳이었다. 이래저래 그는 목적도, 의미도 없이 수동적인 인생을 살고 있었다.

다행히 상담을 진행하면서 그는 회사를 그만두고 디자인을 배우기로 했다. 사진 공부도 할 예정이라고 했다. 패션 디자인과 사진을 함께 전문으로 하는 디자이너가 그

녀의 오랜 꿈이었다. 평소 원하던 일을 마침내 시작하게 되었으므로 인내심을 가지고 끝까지 해내겠다는 각오도 대단했다.

정신의학적으로 인내는 좌절하지 않고 나아가려는 힘, 앞으로 나아가려는 의지, 의욕을 말한다. 이때 전진과 발전은 그 의미가 다르다. 전진이 단순히 앞으로 나가는 것이라면 발전은 장애물을 극복하면서 나아감을 뜻한다. 자연계의 운동에는 발전만 있다. 이를 동정動靜 운동이라고 한다. 즉, 잠시의 쉼조차 앞으로 나아가려는 운동의 한 부분이라는 뜻이다.

내가 지금 하는 일이 잘 안 되어 잠시 쉰다고 해보자. 그때 그저 좌절하는 것과 앞으로 나아가기 위해 힘을 비축하는 것은 전혀 다르다. 다시 말해 발전과 성숙이 없다면 삶은 의미를 찾기 어렵다. 그 과정에서 중요한 요소가 바로 인내하는 힘이다.

프로이트에 의하면 우리는 어린 시절에는 원하는 바가 무엇이든 즉각적으로 만족되기를 바라는 쾌락원칙을 따른다. 그런데 성장할수록 이 쾌락원칙이 현실원칙으로 바뀐다. 즉, 원하는 바를 얻기 위해 현실에서 기다려야 한다면 기다릴 줄도 알게 된다. 따라서 정신의학적으로 인내는 원하는 바를 얻기 위해 한 발 물러설 수도 있는 마음, 충분히 열매가 익을 때까지 기다릴 줄 아는 마음, 현실과 타협하고 협상할 수 있는 마음, 양보할 수 있는 마음을 의미한다. 그러면서 꿈을 이루기 위해 계속 발전하려는 의지를 가질 수 있다.

미국의 심리학자 칼 로저스는 이를 '자아를 실현하려는 관점'이라고 불렀다. 모든 살아 있는 생물은, 동물이든 나무든 바닷속 해초든 다 이 관점을 갖고 있다고 했다.

하물며 인간은 말해 무엇 하겠는가. 인내하면서 포기하지만 않는다면 어떤 상황도 극복하고 앞으로 나아가게 되어 있는 것이 인생이다. 또한 그 고난의 경험이 오히려 도움이 되는 순간이 반드시 온다. 인생에서 실패와 고난을 만날 때 사람들은 대개 세 가지 방식으로 대응한다. 좌절에서 헤어나지 못하거나, 역경을 극복하거나, 고난을 성장의 발판으로 삼거나.

인내심을 가장 간결하면서도 뜻깊게 표현한 말로 일구월심日久月深이라는 사자성어가 있다. 날이 오래고 달이 깊어져 마침내 뜻하는 바를 이룬다는 의미를 담고 있다. 자기 분야에서 나름대로 성공한 사람들을 보면 한결같이 이 일구월심의 자세를 갖고 있다. 그렇게 되기 위해서는 인내와 끈기를 가지고 삶 자체를 제대로 훈련해야 한다.

어떤 의미에서는 삶의 태도도 하나의 습관이다. 끈기 있게 참는 것도 삶의 기술이다. 몸에 익혀야 한다. 이를 위해서는 자신과 한 작은 약속부터 지키려는 노력이 필요하다. 자신과 한 약속이 열 가지라면 다섯 개는 지키도록 노력해 보자. 이윽고 아홉 가지쯤 지킬 수 있다면 인내심 때문에 인생에 문제가 생기지는 않으리라.

4

유머

마음에는 웃음을 나눌
공간이 필요하다

분노와 소심함, 여기에 완벽주의까지 가세한 성격으로 남들보다 훨씬 경직되고 힘겨운 인생을 사는 남자가 있었다. 분노의 정도가 심해지면 사람은 대개 두 타입으로 나뉜다. 분노를 마구 터뜨리는 사람과 내면에 꽁꽁 감춰두고 삭이는 사람.

전자는 마음고생이 덜하다. 상대방을 화나게 할지언정 자신은 화를 밖으로 터뜨린 덕에 어느 정도 홀가분해질 수 있기 때문이다. 나쁜 쪽은 후자다. 화병이란 말이 괜히 있겠는가. 그의 분노는 차곡차곡 쌓인 채로 속에서 썩어갈 가능성이 크다. 사례 속 남자도 후자 쪽이었다. 그는

10년 혹은 15년 전에 자신을 모욕한 사람도 잊지 않고 속으로 목록을 만들어두고 있었다.

게다가 완벽주의적이고 소심한 기질까지 합쳐져 무슨 일이든 사전에 계획한 대로 되지 않으면 견디지 못했다. 회사에서도, 집에서도, 여자친구를 만날 때도 마찬가지였다. 그러니 하루도 편한 날이 없었다. 웃으며 경쾌하게 살아가기는 언감생심 꿈도 꿀 수 없었다. 전문직에 준수한 외모를 가진 그였기에 누구도 그가 힘든 상황에 놓여 있으리라고 짐작하지 못했다. 그도 처음에는 자신의 문제를 인식하지 못하고 주변 사람들이 자신을 힘들게 한다며 상담을 원했다.

반대로 사람들의 기분에 지나치게 예민한 문제로 고민인 남자의 사례도 있다. 그는 항상 상대방의 눈치를 보고 비위를 맞추는 데 골몰하느라 많은 시간을 허비했다. 회사에서는 동료나 상사, 심지어 부하 직원에게까지 비위를 맞추었다. 집에서는 아내의 기분을 살폈다. 상대가 조금이라도 화난 표정이면 불안감부터 앞섰다. 한심한 노릇이었으나 고치기가 어려웠다. 당연히 하루하루가 피곤할 수밖에 없었다. 웃을 일은 생각조차 하기 어려웠.

나는 임상에서 만난 이 두 사람과 여러 가지 이야기를

나누었다. 나는 무엇보다 조금은 마음의 여유를 가지고 유머 감각을 키워갈 것을 주문했다. 두 사람 다 이유는 다르지만 지나치게 경직되고 피곤한 삶을 살고 있었기 때문이다.

어떤 일을 대할 때 유머 감각이 있느냐 없느냐는 하늘과 땅만큼의 차이가 있다. 여기에 딱 맞는 재미있는 일화가 하나 있다.

단독주택이 밀집된 동네에 사는 친구에게 주차 문제는 언제나 큰 골칫거리였다. 거의 하루 건너서 한두 집이 주차 문제로 언성을 높였다. 그러던 어느 날 한밤중에 유리창이 와장창 깨지는 소리와 있는 대로 악을 쓰는 소리에 동네가 시끄러웠다. 이튿날 나가보니 동네에 주차된 자동차가 자그마치 네 대나 부서져 있었다. 친구의 차 역시 앞뒤 유리창이 다 깨져 있었다.

친구는 있는 대로 화가 났다. 그때 사색이 된 옆집 아주머니가 나와 자초지종을 설명했다. 평소 동네 사람들의 주차 방식에 불만 가득했던 자기 남편이 술을 퍼마신 채 사고를 치고 말았다는 이야기였다. 그 이야기를 들으며 친구는 슬며시 터지려는 웃음을 간신히 참아야 했다고. 그동안 자신도 여러 번 그 남편처럼 일을 저지르고 싶었다는 데 생각이 미쳤기 때문이다.

그런데 그걸 실제 행동으로 옮긴 사람이 있다고 생각하니 웃음이 터졌던 것이다. 덕분에 끔찍한 상황이 될 수도 있는 사건을 친구는 평화롭고 온건하게 처리했다.

언젠가 방송 프로그램을 통해 웃음의 치료 효과에 관한 내용이 방영된 적 있다. 그 후 나는 "웃으면 정말 병이 낫느냐?"는 질문을 여러 사람에게 받았다. 나는 개인적으로 웃음의 치료 효과를 인정하는 쪽이다.

나는 유머와 페이소스로 가득 찬 영화도 좋아한다. 마음의 진정 효과 때문이다. 영화를 보면서 마음껏 웃고 잔잔한 감동까지 받고 나면 웬만한 우울감은 날아가 버리지 않던가. 누구에게나 그런 경험이 있을 것이다. 우울증에 걸리면 웃을 수 있는 능력을 가장 먼저 잃는 사람들이 적지 않다. 그런 의미에서 웃음은 정신 건강의 지표인 셈이다.

실제로 정서적으로 안정된 사람일수록 작은 일에서도 웃음을 찾을 줄 안다. 사고도 유연해서 웬만한 일은 관대하게 웃어넘긴다. 반대로 언제나 지나치게 심각해서 긴장한 채 살아가는 사람들은 사고도 잔뜩 경직되어 있다.

앞서 처음으로 예를 든 남자가 여기에 해당한다. 그는

실제로 나와 마주 앉아 상담을 시작하기 전까지 웃어본 경험이 거의 없다고 했다. 남의 눈치를 살피고 비위를 맞추느라 피곤하다는 사람도 다를 바 없었다. 그 역시 감정 조절에 어려움을 겪다 보니 웃는 능력 자체를 잃어버린 채 살아온 것 같다고 털어놓았다.

유머 감각은 인생의 모순과 좌절에 대처하는 능력도 길러준다. 미국의 유명한 성격심리학자 고든 올포트는 정서적 안정의 또 다른 특성이 '좌절에 대한 관용'이라고 했다. 건강한 성격의 소유자는 좌절의 순간에 그것을 딛고 일어설 힘도 지니고 있다는 의미다. 이를 가능하게 하는 원천으로 자기 통찰과 유머의 함수관계를 들었다. 자기 통찰이 강한 사람일수록 지적이며, 나아가 자신의 어리석음이나 부조화, 거기서 비롯되는 크고 작은 인생의 좌절이나 실수에 대해서도 유머로 대처할 줄 안다는 것이다.

빅터 프랭클도 유머를 가리켜 '최악의 상태로부터 자신을 분리할 수 있는 능력'이라는 의미의 말을 남겼다. 그는 성경 시편에서 하느님이 '웃는 분'으로 묘사된다며 유머를 신의 속성이라고도 했다. 또한 인간에게 자기 이탈이라는 독특한 능력이 있음을 보여주는 증거가 바로 유머라고도 했다. 유머를 통해 상황뿐 아니라 자신으로부터도 벗어날 수 있다는 뜻이다.

인간으로 태어난 이상 우리는 누구나 조금씩 불완전하고 변덕스럽다. 강한가 하면 약하고, 선한가 하면 악한 면도 있다. 상처를 입기도 하고 상처를 입히기도 하며, 거부당할 때도, 거부할 때도 있다. 그런 자신을 두고 웃을 수 있다면 우리는 그만큼 자유로워질 수 있다. 이 자유에서 얻는 가벼움이야말로 인생을 성공적으로 사는 경쾌한 비결의 하나가 아닐까.

내가 사회생활을 하며 만난 존경하는 분이 있다. 그는 여러 복잡한 사회적 상황 탓에 7년이라는 긴 세월을 감옥에서 보내야 했다. 그런데도 늘 유머를 잃지 않았다. 오히려 면회 간 우리가 즐거운 시간을 보내도록 해줄 정도였다. 그분을 만나면 늘 기분이 좋다. 이것이 유머의 힘이 아닌가 한다. 미국에서 가장 사랑받는 대통령 링컨 역시 유머의 대가라는 사실이 널리 알려져 있지 않은가. 누구의 가슴에나 웃음을 나눌 공간은 필요하다.

유머 감각을 키우는 레시피

1 흑백논리와 경직된 사고에서 벗어나려고 노력한다.

2 웃음은 내면을 경쾌함으로 채우는 배터리라고 생각한다.

3 인간의 어리석음에 대해서는 특히 유머로 대응한다.

4 정서적 안정과 유머 감각의 함수관계에 대해 이해한다.

5 냉소적이거나 상대를 비난하거나 무시하는 유머는 유머가 아니다.

5

겸손

강하고도 따뜻한 내면을
갖춰 나가기

친구와 크게 싸우고 절교 선언까지 들은 일을 견디지 못하고 상담을 받고 싶다며 나를 찾은 한 여성이 있었다. 30대 초반인 그는 그 일로 격심한 상처를 입었다. 친구가 말다툼을 넘어 인신공격까지 감행했다고 그는 말했다.

"세상을 보는 제 관점이 비뚤어졌다는 거예요. 냉소적이고 잘난 척만 한다고요. 그러니까 제가 친구가 없는 거라고, 자기가 하나뿐인 친구인데도 만나자고 하면 일주일 전에는 연락해야 날짜를 정할 수 있다는 둥 하는 것도 웃기는 일이라고요. 게다가 정작 만나면 매사에 불평을 터뜨리기만 한대요. 자기도 이제 제 친구 안 할 테니 그런 줄 알라고 하더군요."

 그는 친구의 이야기를 들으며 자신이 정말 그렇게 행동하고 있었음을 깨달았다고 했다. 그렇다면 그 자리에서 깨끗하게 사과하고 다시 시작할 계기를 만들어야 했다. 그 역시 그 사실을 모르지 않았다. 그러나 오히려 화를 내며 나도 너 같은 친구 필요 없다면서 먼저 자리를 뜨고 말았다. 그는 자기도 친구의 말처럼 행동하고 싶지 않다고 했다. 그런데 자기도 모르게 그런 행동을 하게 된다고 털어놓았다.

 상담 과정에서 원인 하나가 드러났다. 상대방의 관심과 애정을 확인하고 싶은 심리가 그 안에 너무 크게 자리하고 있었다. 그러나 그 심리를 드러낼 수는 없는 일, 그는 오만하고 잘난 척하는 태도로 자기 속마음을 위장하면서 친구를 시험하고 있었다. 낮은 자존감 때문이었다. 자신은 사랑받을 자격이 없다는 생각이 불안감을 만들어 내고, 불안감이 무의식적으로 상대방을 시험하게 만드는 것이었다.

 그 자신도 친구들도 그런 심리를 알 리 없었다. 그러다 보니 오히려 잘난 체하는 불평꾼이라는 비난을 들으며 친구들과도 멀어질 수밖에 없었다. 자신의 문제를 알게 된 그는 오만함을 버리고 친구 사이에도 겸손하고 따뜻한 마음을 갖는 일이 얼마나 중요한지 깨닫게 되었다고 말했다.

그 반대의 경우에 놓인 사람도 있다. 그런 사람은 권력을 가졌다고 생각하는 사람 앞에서는 늘 희생자 역할을 자처한다. 동시에 자기 생각이나 욕구에 대해서는 거의 강박적으로 겸손한 자세를 유지한다. 그 때문에 인생 전체가 나쁜 쪽으로 기우는데도 그런 행동을 멈추지 못한다.

이 경우도 앞서 살펴본 사례자와 겉모습만 다를 뿐 사실 근본 원인은 비슷하다. 낮은 자존감이 원인이기 때문이다. 자신은 모든 면에서 다른 사람보다 나은 존재가 못 된다는 생각이 정서적 불안정으로 이어져 희생자 역할에만 몰두하는 결과에 이르게 된다.

두 사례는 인생에 대해 겸허한 자세로 밝고 유쾌하게 살아가는 태도를 갖추기가 얼마나 힘든지를 잘 보여준다. 겸손은 마음속에 갈증이나 허기가 있는 사람이 갖추기 어려운 자세다. 부정적인 감정이 먼저 내면을 잠식하고 그 감정이 다시 인생에 냉소적인 태도와 오만함을 불러오는 탓이다.

내강외유라는 말이 있다. 안으로는 굳건하고 강한 힘을 지니고 있으나 그 힘을 밖으로 표현할 때는 겸손하고 온화한 모습을 잃지 않는다는 뜻이다. 이 내강외유야말로 우리가 인생에 겸손한 자세를 갖추는 데 가장 도움이 되는 자질이다. 내강외유 유형의 사람들에게는 한 가지 공통점이 있다. 감정적으로 투명하면서 밝고 유쾌한 면모를 지니고 있다는 것이다. 우리는 누구나 그런 사람들과 기꺼이 잘 지내고 싶어 한다. 더불어 그들 같은 면모를 지닌 사람이 되고자 노력한다.

물론 그런 사람들이라고 부정적인 감정에 사로잡혀 분노할 일이 왜 없겠는가. 하지만 그들은 부정적인 감정들을 잘 다스림으로써 밖으로 드러내는 일이 거의 없다. 나아가 그들은 내면의 긍정 에너지를 제대로 활용하는 지혜를 발휘할 줄 안다.

《주역》에 보면 지산겸괘地山謙卦가 나온다. 이 괘는 땅을 상징하는 곤괘坤卦가 상괘이고 산을 상징하는 간괘艮卦가 하괘로 이루어져 있다. 자연에서 산은 땅 위에 존재하지 그 아래에 있는 법은 없으므로 땅 아래에 산이 있음은 자신을 낮추는 겸손함을 의미한다.

이 겸괘는 풍성한 부유함을 가졌다는 의미를 지닌 화

천대유괘火大天有卦 다음에 나온다. 그 의미 역시 겸손함과 관계가 있다. 내가 많은 것을 가지고 있으면 당연히 오만해지기 쉽다. 익을수록 고개를 숙이라고 하지만 이는 쉬운 주문이 아니다. 오죽하면 '교만은 인간이 죽은 뒤에도 세 시간은 지나야 죽는다'고 말씀한 신부님도 있을까.

이에 대해서는 괴테도 소설 《선택적 친화력》에 '자신의 우월한 점을 가끔 잔혹한 방법으로 다른 사람들에게 과시하는 일이 없을 정도로 인격을 갖춘 사람이 얼마나 될까?'라는 의미의 문장을 남겼다.

공자의 말씀도 있다.

"만일 주공周公과 같은 훌륭한 재능을 지니고 있어도 교만하고 인색하다면 하찮을 뿐이다."

우리가 허영심과 교만함을 왜 경계해야 하는지 괴테와 공자가 너무도 명확하게 일러주고 있다. 겸손하지 못한 자세도 물론 문제다. 그런데 이를 빌미로 내 허영심을 부추기는 사람들이 주변에 생기는 것은 더 큰 문제를 만들어낼 수 있다.

겸손함을 갖추기란 이래저래 어려운 일이다. 그래도 힘써 노력할 때 인생이나 인간관계에 큰 도움을 주는 자질임은 분명하다.

6

공평함

내게 허용한 것은
남에게도 그래야 한다

"누구도 다른 사람보다 낫지 않다." 프랑소와즈 돌토의 말이다. 편견 없이 세상을 공평한 시각으로 바라볼 것을 주문하는 말이다.

상사와의 갈등 때문에 나와의 상담을 원한 남자가 있었다. 대기업 임원인 그는 자부심이 강했다. 성실하고 책임감 있고 역량도 뛰어나다는 주변의 평가도 두루 받고 있었다. 다만 그는 다른 사람의 실수를 용납하지 못했다. 자신이 옳다는 생각이 너무 강해서였다.

스스로 성실하다고 생각한 탓인지 공격성과 분노도 컸다. 회사에서는 직원들이, 집에서는 가족들이 그의 잦은 간섭과 지적을 견디지 못하고 힘들어했다. 저항할 엄두는 내지도 못했다. 그가 반론을 펼치며 꼬치꼬치 따지고 드는 순간부터는 정말 감당이 되지 않았기 때문이다. 자기 생각만이 옳다는 흑백논리와 당위적 사고가 초래한 결과였다.

그러던 중 상사가 바뀌면서 문제가 발생했다. 새로 온 상사 역시 그와 똑같은 성향이었던 것이다. 그 상사가 오기 전까지 그는 누군가로부터 비난을 받는 일에 익숙하지 않았다. 그런데 상사는 자신이 평소 부하 직원에게 하던 대로 그를 닦달하고 지적했다. 그의 표현을 빌리자면 "거의 미칠 지경으로" 견디기 힘든 나날이 이어졌다. 그는 더는 참지 못하고 주차장 벽에 차를 들이박는 사고를 내고 말았다. 사고가 터진 뒤에야 그는 주변의 권유로 상담을 받기 시작했다.

심리검사 결과 그는 실제로 흑백논리와 당위적 사고가 심각한 수준이었다. 그 결과 누군가를 유연하고 공평한 시각으로 대하는 일 자체가 어려웠다. 처음에 그는 자신의 검사 결과를 받아들이지 못했다. 자기처럼 합리적이고 유연한 사람이 어디 있냐면서, 어떻게 그런 결과가 나오느냐고 되물었다.

다행히 상담을 진행하면서 그는 자신의 모습을 차츰 받아들이게 되었다. 상사의 태도가 곧 자기 태도였다는 사실도 인정했다. 나아가 다른 사람을 공평하게만 대해도 충분하다는 말의 의미를 마침내 이해하기에 이르렀다.

폴 오스터의 소설 《거대한 괴물》에 이 상황과 꼭 들어맞는 묘사가 나온다.

"그는 자기가 만나는 사람들을 누구도 평가하지 않았고 누구도 자기보다 더 열등한 사람으로 대하지 않았다. 사회적인 지위에 따라 사람을 차별하는 일도 없었다. 그에게는 바텐더도 작가와 마찬가지로 흥미의 대상이었다. 그는 언제나 자기가 상대하는 사람을 대단한 지성인으로 보았고, 그래서 상대방을 자기와 똑같이 품위 있고 중요한 사람으로 대했다. 내가 그에게서 가장 감탄스러워한 자질은 다른 사람들에게서 가장 좋은 면을 끌어내는 그의 타고난 기술이었다."

물론 누구나 이런 사람이 될 수는 없다. 우리 안에 공평한 시각을 방해하는 심리적 요소들이 있기 때문이다.

첫 번째로는 흑백논리가 있다. 흑백논리는 '나는 옳고 당신은 틀렸다'는 문장을 전제로 한다. 따라서 자신의 신념에 맞지 않는 사람은 배척한다. 사소한 일에 집착하며 매사를 하나하나 따지고 자기가 이해할 때까지 물고 늘어진다. 자기 생각만이 옳고 전부라고 생각해 남의 말에는 아예 귀를 기울이지 않는다.

두 번째는 당위적 사고가 문제인 경우다. 당위적 사고란 '나는 반드시 …해야만 한다'는 생각을 말한다. 당위적 사고에 집착하는 사람들은 삶에서 일어나는 변수나 아이러니를 잘 받아들이지 못한다. 그러면서 자신이 완벽하고 공평한 사람이라고 착각한다.

세 번째로 분노가 문제가 되기도 한다. 분노는 유머 감각에도 문제를 가져오지만 공평성에도 도움이 되지 않는다. 두려움이 불필요한 걱정에서 생겨난다면, 분노는 상대방이 내가 원하는 대로 움직이지 않을 때 일어나는 감정이다. 분노에 사로잡히면 누구나 공평한 시각을 갖기 어렵다.

정신의학적으로 공평한 자세는 상대방의 관점을 내 식대로 비난하거나 평가하지 않는 상태를 의미한다. 거듭 말하지만 절대 쉽지 않다. 우리 속에 많은 심리적 동인들이 있기 때문이다.

특히 내가 갖지 못한 것에 대한 동경, 허영심, 질투 등 우리를 공평무사함으로부터 멀리 떼어놓는 감정은 한둘이 아니다. 우리 속에는 남의 작은 불행 앞에서조차 공평하기는커녕 내심 은근히 즐기는 면이 있는지도 모른다.

그러나 한편으로 우리 속에는 매사에 공평하고 합리적인 사람이 되고자 하는 욕구 또한 분명히 자리하고 있다. 이 욕구를 실현하기 위해서는 다음과 같은 여러 노력이 필요하다.

첫 번째는 나와 다른 상대방을 이해하려는 노력이다. 특히 내가 하지 못한 경험을 두고 단정적으로 이야기하며 상대방을 비난해서는 곤란하다. '상대방의 모카신을 신고 1마일을 걸어보기 전에는 그에 대해 평가하지 말라'는 말이 괜히 있는 것이 아니다. 다시 말해 나와 다르다고 해서 배척하는 대신 상대방의 입장이 되어 생각해 볼 수 있어야 한다.

두 번째로는 모든 경험에 대해 마음을 여는 개방성을 향한 노력이다. 개방성이란 무엇보다 새로운 생각이나 상황에 열린 자세를 뜻한다. 한마디로 흑백논리나 당위적 사고의 반대편에 서 있는 특성이다. 개방성을 지니고 있을 때 우리는 누구나 상대방에 대해서도 열린 마음으로 공감할 수 있다.

세 번째는 바로 공감 능력을 위한 노력이다. 누군가에

대해 공평한 잣대를 가질 때 우리는 상대방을 내 식대로 평가하지 않고 공정하게 받아들일 수 있다.

물론 공평함에 대해 말할 때도 누구나 자기 경험에 근거하지 않을 수 없다. 그러나 적어도 내가 경험하지 않은 일을 두고 단정적으로 판단하지만 않는다면 그것으로 충분하지 않을까.

공평무사한 태도를 갖는 레시피

1. 나는 옳고 상대는 틀렸다는 흑백논리를 갖지 않으려고 노력한다.

2. "나는 반드시 이러저러해야만 한다"는 당위적 사고에서 벗어난다.

3. 매사에 상대방의 입장이 되어 생각해 보려고 노력한다.

4. 새로운 생각이나 상황에 열린 자세를 취하는 개방성을 지닌다.

5. 내게 허용한 일은 상대방에게도 허용해야 한다는 생각으로 살아간다.

7

순환

소멸과 생성으로 이어지는
삶의 고리

겨울은 소멸과 생성의 계절이다. 추위에 헐벗고 사라지는 존재가 있는가 하면 땅속 깊은 곳에서는 어느새 새로운 생명이 준비되는 계절이 겨울이지 않은가. 이것이 자연의 순환 법칙이다.

성경의 전도서에 나오는 "한 세대가 가고 또 한 세대가 오며… 해가 떠오르고 또 지고 그리고 떠오른 곳으로 또 돌아가고, 바람은 남쪽으로 또 북쪽으로 불지만 계속 돌고 돌고, 모든 강물은 바다로 모이지만 바닷물이 차는 적은 없다"라는 구절 역시 이 순환 법칙을 잘 표현해 준다.

실제로 세상의 변화는 끝이 없고 모든 형통함의 씨앗

은 바로 그 속에서 자라나는 법이다. 그것이 곧 순환의 또 다른 속성이다. 우리에게 이 순환이 의미를 지니는 이유는 현실에서 지금 모습 그대로 계속되어도 좋은 인생이 그다지 많지 않기 때문이다. 내 인생에서 사라지는 것이 있으면 새롭게 생겨나는 것도 있어야 한다.

그런데 이 순환을 잘 받아들이지 못하는 사람들이 있다. 생각과 삶의 형태가 고착화된 사람들이 특히 그렇다. 고착 상태에서는 누구나 생각과 경험의 폭이 제한될 수밖에 없다. 당연히 그 누구도 변화와 그에 따르는 창조의 과정을 내 것으로 만들 수 없다.

그런 사람들은 일차적으로 매사를 다른 각도로 바라보는 연습을 할 필요가 있다. 자기 삶에 대해서도 새로운 방식으로 생각해 보는 용기를 가져야 한다.

내 삶을 고착 상태로 두기에 세상사는 다채로운 스펙트럼을 가지고 있다는 사실을 우리는 안다. 그리고 인생의 순환과 변화, 새로움은 다채로움을 받아들이는 사람들이 열어가게 되어 있다. 내가 그런 사람이 되려면 무엇보다 내 편에서 균형 감각을 잃지 않으려고 애써야 한다. 일과 대인관계를 비롯해 내 인생의 모든 면에 균형 감각을 가질 때 우리의 정체성 역시 견고해지기 때문이다.

나는 《주역》을 공부할 때 특히 인생의 균형에 관해 많은 생각을 했다. 주역의 가르침은 사실 하나다. 인간은 음과 양으로 이루어진 자연의 일부이므로 겸손하게 그 길을 따르면 삶의 법칙도 알 수 있는데, 그것이 바로 '원형이정元亨利貞의 과정'을 따라야 한다는 뜻이다.

원이란 자연으로 말하면 봄이다. 즉, 뭔가를 시작하기 위해 씨앗을 뿌리는 시기다. 형이란 여름으로 그 씨앗이 쑥쑥 자라나는 성장의 시기를 뜻한다. 이란 가을이 되어 수확을 거두어들이는 때를 말한다. 정이란 겨울을 가리킨다. 겨울은 봄에 씨앗을 뿌리기 위해 잠시 휴식을 갖는 때다. 동시에 자연은 이미 그 안에 새로운 생명을 만들어내기 위한 움직임을 시작하는 시기이기도 하다.

생명이 영속되기 위해서는 이 원형이정의 과정이 순탄하게 반복되면서 지속되어야 한다. 어느 하나 빠져서도 안 된다. 다시 말해 알맞은 균형과 순환 속에 있어야 모두 본래의 자기 역할을 다할 수 있다는 의미다.

한편 주역이 이 원형이정으로 이야기를 시작한다면 마무리는 기제괘旣濟卦와 미제괘未濟卦로 끝이 난다. 기제괘는 모든 것이 다 이루어졌음을, 미제괘는 세상사는 영원히 풀리지 않는 미스터리라는 의미를 각각 담고 있다. 그렇다면 왜 이 두 괘가 주역의 마지막에 앞뒤로 놓인 것일까? 나는 이 두 괘가 우리 삶을 상징한다고 생각한다.

사실 우리의 삶은 기제와 미제의 연속이다. 일이 잘 풀려 이제 한숨 돌릴 만하다고 여기는 순간 또 다른 돌발 상황이 우리 앞을 가로막는 것이 인생이다. 흔히 '잘나갈 때 조심하라'고 말하는 이유가 무엇이겠는가. 결국 끝없는 순환과 변화의 과정에 놓여 있는 존재가 우리 인생이다. 그 속에서 내가 확고한 정체성과 균형 감각을 지니고 앞으로 나아간다면 누구에게나 살 만한 날이 온다는 메시지가 아니겠는가.

그 변화의 과정을 지켜보며 나의 성장을 위해 노력할 때 우리는 인생의 어느 시점에선가 잘 살아가고 있는 나를 발견하고 흐뭇해할 날을 맞지 않을까.

에필로그

내 인생의 로망이 된
세 가지 마음 레시피

우리는 누구나 나름의 로망을 지니고 있다. 삶이 힘들수록 그 로망은 더 커진다. 사람들에게 상처받을 때도 마찬가지다. 보고 싶지 않은 인간의 깊고 어두운 내면, 이를테면 이기주의, 단순한 욕심을 넘어선 탐욕, 자기만 옳다고 주장하는 편집증적 아집, 거짓말 등을 볼 때마다 반대로 우리는 유쾌하고 밝은 면을 보여주는 사람을 더 찾게 마련이다.

이 같은 바람도 우리가 지닌 로망의 하나라고 생각한다. 답답한 공간에서 질식하겠다 싶을 때, 밖으로 나가면 가장 먼저 숨을 크게 내쉬지 않는가. 그런 행동과 다름없는 마음이리라.

 자연이 주는 로망도 있다. 앞에서도 햇빛이 주는 감동에 대해 언급했지만 요즘 들어 특히 햇살에 감사함을 느끼곤 한다. 다소 우울하다가도 한낮의 햇살을 마주하면 그 따사롭고 환한 빛에 절로 감사의 말이 나온다. 나에게는 그런 햇살과도 같은 마음의 레시피를 공급해 주는 사람이 있다. 앞서 출간한 여러 책에서 언급한 적 있는 미국의 정신의학자 닥터 밀러다. 요즘처럼 고단하고 마음의 여유가 없을 때는 더욱 그의 따뜻한 미소와 유머가 그립다.

 그를 통해 내가 배운 마음 레시피가 세 가지 있다. 물론 나는 아직 그 레시피를 충분히 제대로 요리하지 못하고 있다. 하지만 언젠가 그렇게 되리라는 로망이 지금의 나를 지탱해 주고 있음은 분명하다.

 첫 번째 레시피는 타인의 실수에 대해 그가 보여준 너그러움이다.

 첫 만남에서 그는 자신의 책을 내게 보여주었다. 《당신이나 당신이 사랑하는 사람이 정신과 환자라면》이라는 제목의 책이었다. 정신과 의사로서 그처럼 매력적인 책이 어디 있겠는가.

책의 첫머리에는 인생에서 위기나 질병은 우리가 그것을 마주할 준비가 되기 전에, 삶의 풍요로움을 느껴보기도 전에 찾아온다는 의미의 문장이 쓰여 있었다. 바로 우리가 삶을 힘들어하는 이유가 아닌가. 마른하늘에 날벼락처럼 어느 순간 우리에게 그런 위기가 찾아오고, 그 위기에 어떻게 대처할지가 우리 인생을 결정한다. 다른 병도 그렇지만 자기나 가족이 정신병을 앓는 상황은 정말이지 마른하늘에 날벼락이 떨어지는 사건과도 같다.

나는 그에게 책을 빌렸다. 그는 흔쾌히 내게 책을 건넸다. 그런데 그 책은 사랑한다는 헌사를 담아 그가 아내에게 선물한 것이었다.

당시 머물던 미국의 친척 집에는 빈방이 없어 나는 거실에 머물 수밖에 없었다. 그 집에는 한두 살짜리 꼬마가 있었다. 거실에서 그 책을 읽다 피곤해서 잠이 들었는데, 세상에 아침에 일어나 보니 그 꼬마가 책에 색연필로 북북 낙서를 해놓은 게 아닌가.

놀란 마음에 그의 연구실에 달려가 자초지종을 말하자 그는 오히려 푸근한 미소를 지으며 그 책을 내게 선물로 주었다. 아이들이 원래 그러지 않느냐면서. 그 책은 지금도 내 책장에서 가장 보기 좋은 곳에 자리를 차지하고 있다.

그가 내게 준 두 번째 레시피는 기다리는 여유다. 그는 내가 미국에 머무는 짧은 기간 동안 수많은 경험을 해보도록 도와주었다. 덕분에 나는 정신과 의사로서 좀 더 풍부한 경험을 할 수 있었다.

어느 날은 그의 권유로 마틴 루서 킹 병원을 방문하게 되었다. 병원은 할렘 가에 있었다. 당시에는 매일 총격으로 인한 살인 사건이 그 주변에서 일어나곤 했다. 당연히 그 병원에서 일하려는 의사가 없었다. 레지던트는 아프리카나 멕시코 남미에서 온 의사들이었다. 하지만 그들을 지도할 의사가 없어서 닥터 밀러가 그 일을 자원해서 하고 있었다.

당시 병원까지 가는 길도 경찰차가 몰리고 헬리콥터가 뜨는 등 난리도 아니었다. 내가 그 지역에 있을 때 대학병원 응급실에서 의사가 총을 맞아 죽은 사건까지 일어났을 정도였다.

도착한 병원은 규모가 매우 크기는 한데 유리창은 깨져 있고 복도도 너무 더러웠다. 더구나 조마조마한 심정으로 왔건만 강의실에는 아무도 없었다. 하지만 그는 화도 내지 않고 강의실 구석에 있는 피아노를 치면서 한참을 기다렸다. 그러고 나서야 레지던트들이 한 명씩 들어왔다. 그는 강의를 마친 후 나를 소개하면서 자기는 여기 닥터 양과 한인 타운에 가서 알탕을 먹을 예정이라며 끝까지 유쾌함을 잃지 않았다. 이 일화는 내가 어느 책에선가 '피아노 치는 남자'라는 제목의 글로 풀어내기도 했다.

세 번째 레시피는 최선을 다하는 마음이다.

나는 돌아오는 차 안에서 그에게 왜 이렇게 힘든 일을 하는지 물었다. 그때 그에게서 돌아온 대답은 내게 많은 것을 생각하게 해주었다. 그의 말인즉 이러했다.

"나는 유대인으로서 제2차 세계대전을 겪었다. 당시에 나는 전쟁이 인간의 정신을 어떻게 파괴하는지 보았다. 한국인들도 한국전쟁을 경험하지 않았는가. 나는 전쟁은 다시는 없어야 한다고 생각한다. 내가 이상주의일 수는 있으나 방법은 딱 하나다. 내가 네게 사랑을 경험하게 하고, 네가 한국에 돌아가 네 주위 사람들에게 그 사랑을 나눠주고, 그래서 사랑이 널리 퍼져나간다면 전쟁을 막을 수 있지 않겠는가."

그 이야기를 듣는 순간 내 마음의 상처가 치유되는 걸 느꼈다. 그리고 나는 그가 말한 사랑을 내가 하는 일에 최선을 다하는 마음, 내 주위 사람들에게 최선을 다하는 태도라고 받아들였다.

  물론 나는 아직 그렇게 살지 못하고 있다. 그의 이상주의도 아직 뿌리를 내리지 못해 우크라이나를 비롯한 여기저기서 전쟁이 일어나고 있다. 더욱이 우리 사회는 지금 사랑 대신 미움과 분노를 나누고 있는 것이 현실이다. 그러나 당시 그가 내게 준 마음 레시피는 여전히 내 속에 소중히 남아 있다.